KB131766

갈꽃섬의
추억

갈꽃섬의
추억

초판1쇄 2017년 12월 20일

지은이 ｜ 이서진

펴낸이 ｜ 채주희

펴낸곳 ｜ 엘맨출판사
　　　　서울특별시 마포구 신수동 448-6
　　　　TEL : 02-323-4060, 02-6401-7004
　　　　FAX : 02-323-6416
　　　　E-mail : elman1985@hanmail.net
　　　　www.elman.kr

출판등록 ｜ 제 10호-1562(1985.10.29.)

값 13,000원

ISBN 978-89-5515-615-7(03320)

갈꽃섬의
추억

이 서 진 지음

좋은 책으로 하나님의 사람을 만들어 가는 **엘맨**

60여년의 세월을 지내오며
내 가슴에 살아있는 것이 있었습니다.
뭔지 모를 그리움과 함께
나를 꿈꾸게 하는…

도시에서 낮과 밤을 지내지만
내 마음의 발이 찾아가는 곳,
아름다운 내 고향
갈꽃 섬…

산과 바다가 어우러지고
들판을 지나 갯벌이 아스라이 펼쳐진…
뒷동산에 뻐꾸기 종달새 지저귀고
논두렁에서는 개구리가 개굴개굴 울어대는…
정겨운 시골마을
바다 냄새 물씬 풍기는 청정의 섬…

강물이 출렁출렁 넘실대다 썰물에 밀려가면
바닷게들이 모두 나와서 개펄을 누비고,
굴 따는 아낙네들의 노랫가락에
갈매기 떼들이 줄을 지어 춤을 추고,

뱃고동 소리가 귓전을 울리며
작은 섬들을 오가는
고향 갈꽃 섬…

사랑하는 부모님이 계신
보고 싶은 친구들과 놀던,
가슴 설레는 내 어릴 적 추억들을
여기에 그려봅니다.

아름다운 내 고향 갈꽃 섬에서
나는 영원한 소녀로 살고 싶습니다.

2017년 5월 이 서 진

1장

2장

3장

1장

추억 속으로

철수와 영희

철이와 순이

보태기, 빼기를 잘못한 철수

그리고 영길이도 있었지.
다 같이 돌자 동네 한 바퀴
멍멍이도 함께~

중학교
시절

우리

▶ 교련복 입고 빵집을 누비
던 친구도 있었지~

너 때문이야 !

봄 소풍

1968년대
소풍 가는 날
모두 모두 모여라
학생들이 들뜬 마음으로
지방 앞 쪽으로 소풍을 갔다.
가는 길에 진달래, 개나리꽃이 예쁘게 피어 있었다.

소풍은 즐거워 룰루랄라

보물을 찾아라

(2학년 3반 보물찾기)

(즐거운 점심시간)

점심 메뉴는 계란말이, 멸치볶음, 여러 가지 나물 등
맛있는 음식들이 가득했다.
과일을 싸오시는 부모님도 계셨고 튀김을 해 오시는
부모님도 계셨다.
소풍 다녀온 다음 날, 한 친구는 학교에 와서
옷에다 똥을 쌌다.
평소에 먹지 않았던 음식을 과식해서
설사병이 났던 것이다.
그 친구는 한참동안 똥개라는 별명을 얻게 되었다.

(코흘리개) (오줌싸개) (빈치리)
야물고 똑똑한 여러 친구들~~
이 모든
2학년 3반 친구들이
지금은 전국 곳곳에서 육십이 가까운
쉰 세대로 열심히 살아가고 있다.

모두들 행복하길 바란다.
　　★ 반짝 반짝
　　　　빛나게~~

가을 운동회

청군	백군
800점	750점

학교 확성기에서 행진곡이 흘러나오고
며칠 전부터 육성회 회원과 소사 아저씨께서는
운동장에 흰 줄을 그려놓으셨다.
학생들이 모두 모이면 교장선생님의 인사말씀이 있고
전교생이 국민체조 구령에 맞춰 체조를 한다.

~국민체조 시작~
음악과 함께 청군 백군 자리로 이동하여
응원가를 부른다.
이 세상에 청군이 없으면 무슨 재미있나~
　　달이 떠도 청군~
　　해가 떠도 청군~
청군이 최고야~ "아니야, 아니야, 백군이 최고야~

장난감 보따리 꾼 색색의 풍선나팔
나무 그늘 밑에 앉아 계시는 학부모님들~
하늘에는 만국기가 펄럭펄럭~~
그러는 동안 운동회는 시작된다.

기마전

이~겨라 청군, 잘~한다 백군

줄다리기

계주 경기

그렇게 가을 운동회는 막을 내렸다.

가위 바위 보

어려서는 가위 바위 보를
장께이 뽀라고 했다.
우리들에게 가위 바위 보는
인생이 담겨 있고
또 모든 놀이문화에서
판사 역할을 해 주었다.

지금도 아이들이 놀이할 때
가위 바위 보로 결정하는
것을 볼 수 있다.
게임 할 때 많이 쓰고 있으며
결정하기 어려운 상황일 때
쓰기도 한다.
어른들도 가끔 쓰고 계신다.

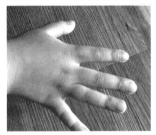

가정에서도 부부 생활이 원만하려면
가위 바위 보 같은 게임을 하여야 한다.
어떤 때는 이겨야 하고
어떤 때는 지기도 하고
어떤 때는 비길 때도 있어야 한다.
한쪽에서만 계속 이기거나 지기만 한다면
가정불화가 많고 권태증이 오고
재미가 없을 것이다.

그렇듯 놀이문화에 판결 왕
가위 바위 보는 세상의 변화가 빠르고
발달된다 하더라도
변함없이 우리와 함께
어우러져 갈 것이다.

주먹   가위   보

웃음은 명약

할머니가 말씀하셨다.
만석꾼 집에도 자식이 없으면 웃음소리가
나지 않는데
가난해도 자식이 많은 집에서는
항상 웃음이 그치질 않고 담장 너머로
흘러나온다고~~

사람은 많이 웃고 살아야 건강하다.
어릴 적에는 모든 것이 풍요롭지 못했어도
많이 웃고 살아서 건강했었다.
웃음은 부작용이 없는 명약이다.

아이들은 하루에 400번 정도
웃는다 하고
어른들은 하루 평균
일곱 번 웃는다고 한다.
일곱 번 웃는 사람도 그리 많지 않을 것이다.
많이 웃고 살 수 있는

 가정들이 되었으면 한다.

요즈음 sns에 떠도는
내용에 이런 글이 있다.

월요일엔 월래 웃고,
화요일엔 화사하게 웃고,
수요일엔 수수하게 웃고,
목요일엔 목이 터질 정도로 웃고,
금요일엔 금세 웃고, 또 웃고,
토요일엔 토라질 정도로 웃고,

이런 내용을 보고 웃을 수 있어서
행복하다.

일요일엔 일어나면서부터
웃고, 사는 우리들이
되었으면 하는 바람을 가져본다.

희망찬 하루의 출발 일출!

무서운 황소

봄비가 주룩주룩 내리고
산이나 들에는 새싹들이 파릇파릇
봄이 왔다는 소식을 전하듯 입을 벌리고 있었다.

남새밭 모퉁이에 외롭게 서 있는 목련 한 그루에는
꽃이 피어 있었고,
논가에서는 개구리 울음소리가 개굴개굴 귓전을 때렸다.
모내기 이종을 하려면 논을 갈아야 한다.
요즘은 트랙터가 모든 일을 다 해 주는데
그때는 소가 쟁기를 끌고 논밭을 갈아야 했다.
논바닥 쟁기질을 하는 시기였던 것 같다.

우리도 논을 갈기 위해
수경이네 집에서 소와 쟁기를 빌려왔다.
빌려온 소를 끌고 오전에는 논에 가서 일을 하고,
오후에는 소가 잘 먹는 풀을 뜯어 먹도록 하여
해가 지면 자기네 집으로 데려다 준다.
농경시대에는 소가 큰일을 해주는 역할을 했었다.

집집마다 소가 한 마리씩 있었고
송아지를 낳으면 큰 수확으로
생활을 하고 주로 자녀들 학비로 많이 쓰였다.

우리 집에도 소가 있었는데
아버지께서 사업을 시작하시면서 파셨다고 하였다.
나는 학교에 다녀와서 점심을 먹고 있는데
어머니께서 소띠끼(소먹이)로 가야 한다 하며
사장(마을앞 동산) 앞에서 수경이네 할아버지가
기다리고 계시니까 만나서 소를 끌고
뻘둥으로 가라 하셨다.
어머니 말씀대로 나는 사장 앞으로 갔다.

할아버지께 인사를 하고 소코뚜레 줄을
받아들고 소를 쳐다보았는데
눈이 튀어나온 큰 황소가 나를 째래 보는 것
같아서 조금 무서웠다.

소를 앞에서 끌고 뒤를 돌아보며
논두렁을 한참 지나가고 있는데
순간 소가 달려와서
내 허벅지를 찌르고 도망갔다.

공포감에 눈을 감았다.
죽는 줄 알았는데 살았구나,
생각하고 일어나 돌아보니
소는 뻘둥 쪽으로 멀리 뛰어가고 있었고,
내 허벅지에서는 살이 찢겨 피가 흐르고 있었다.
집을 향해 걸어가고 있는데
큰오빠가 먼저 왔고 뒤따라 어머니도 오셨다.
집에 도착하여 수건으로 상처를 묶고
학교 옆 김 약국으로 갔다.

아버지 친구 분이시고
내 친구 아버지이신 김 선생님께서
핀셋을 들고 하시는 말씀이 상처가 깊다고
하시면서 온 식구가 뭘 하고 애기를 소띠끼로
보내서 이렇게 되었느냐고 하셨다.
장녀인 언니는 광주 양장점에
취직을 하여 집에 없었고
오빠가 두 명이나 있었는데
왜 내가 갔어야 했는지
나도 알 수가 없다.

그날로 나는 2주 정도를 학교에 가지 못 했고
상처가 다 나아서 학교에 갔는데
교실이 낯설고 분위기도 썰렁 했다.
그 당시 노화국민학교 학생이 1천명 가까이 되었고,
우리 반 학생이 48명 정도 되었다.

그 때는 교실이 없어서 가끔은 강당에 모여서
1,2,3반이 함께 활동을 할 때도 있었고,
어떤 날은 교무실에 가서 곤충 관찰을
대충하고 오는 날도 있었다.
우리는 교실을 건축하기 위해 보자기를 가지고
댓 섬 바닷가에 가서 모래를 가져 오기도 하고
자갈을 가져 오기도 했었다.
그렇게 학생들이 힘을 합해 지었던 교실들~
지금은 다 없어지고 학생들도 몇 명 되지 않는다.
그래도 노화국민학교는 노화초등학교로 간판이 바뀌고,
병설유치원이 있어서 통학 버스가 왔다 갔다 하고
전복양식 때문에 장년들이 많이 살아서
값비싼 외제차도 드나드는데
동초등학교는 폐교가 되었다.

얼마 전에 그 학교 졸업생인 친구가
폐교가 되어버린 학교를 바라보며
가슴이 아팠다는 이야기를
하였다고 들었다.
그 이야기를 듣고 나도 마음이 아팠다.

이것이 지금의 현실이다.
저 출산, 고령화 문제가 심각한
사회 구조와
젊은 청년들이 취업난 때문에
힘겨운 현실 앞에서
육십이 가까워진 우리 쉰 세대들은
어떤 노력을 해야 할지 답답하여
정책이 바뀌면 조금 나아질까
생각하며 한숨만 내쉰다.

댓 섬

노화 초등학교

폐교가 되어버린 동 초등학교

울 엄니 아이디어

샛바람이 불었다.
마파람이 불었다.
하늬바람이 불어오고
높새바람이 분다.

구멍 뚫린 창호지문
일기예보를 알려주신 기상캐스터
김동완 선생님이 계시기 이전에는
바람이 불어오는 방향을 보고,
날씨를 예측할 수 있었다.

동남풍, 서남풍, 북서풍, 북동풍,
여름에는 주로 샛바람이 많이 불어온다.
가끔 마파람이 불어올 때면 비가 오면서
폭풍도 함께 올 때가 있다.
높새바람이 불면은 회오리바람을 일으키고
몹쓸 바람이 분다고 하였다.

날씨가 싸늘해지면 하늬바람이 불어와
낙엽이 떨어지고
나뭇가지가 앙상해져서

 다우다 천으로 붙인 문
가슴을 두근거리게 하였다.

어머니께서 봉창 문에다
창호지를 발라 햇볕에 말려
문을 달아 놓으면
하루가 지나기 전에 남동생 두 명이
구멍을 뚫어서 겨울이 돌아오면
걱정이 이만 저만이 아니셨다.
한 달에 몇 번씩 창문을 바를 때도 있었다.

그러던 어느 날 어머니께서
장롱에 쇠 통을 끊으시더니
흰 다우다 천을 꺼내 문틀에 맞추어 잘라서
풀을 쫀쫀하게 써서 천에다 발라 창살에 붙이고
햇볕에 잘 말려서 다시 달았다.

구멍 뚫린 창문

다우다 천으로 붙인 창문

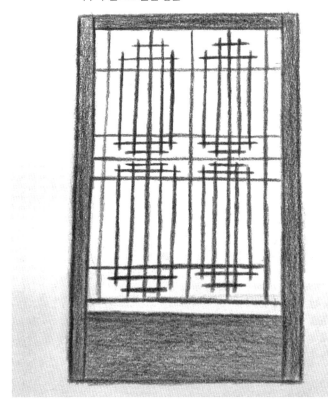

그날부터 우리 집 문은
뚫을 수가 없게 되었다.
그러자 동생들은 방바닥을 뜯기도 하였다.
놀잇감이 있었더라면 방바닥까지는
뜯지 않았을 텐데
놀이할 게 없으니 창호지문도 뚫고
방바닥도 뜯으며 놀았던 것 같다.

그 후 시간이 얼마 지나자
어린 아이들이 있는 집 창호지문에는
흰 다우다 천으로 모두 바뀌었다.
유리문을 달아서 사용하기 전까지는
흰 다우다 천을 발라서
사용했었다.

그렇게 갈꽃 섬 겨울은 소리 없이 흘러갔다.

지금은 웅장한 한옥 집에 다시 창호지 문이
달려있는 것을 볼 수 있다.

가설극장

수문 앞 갈대밭 옆길 넓은 공터나 동청마당의
천막 안에서는 가끔 환상의 무대가 펼쳐졌다.

서커스 단원들이 묘기를 할 때

눈물 없이 볼 수 없는 순정영화

돈이 없어서 못 들어가고
남자아이들은 포장을 뚫고 들어가기도 했었지.
문지기 아저씨께 들켜서 도망치다 신발을
놓치고 달리는 오빠도 있었어 ~~

요즘은 손에 들고 다니며 영화도 보고
손가락으로 터치만 하면 누가 어디에서
무얼 하고 있는지 다 알 수 있는 세상에서
살고 있다.
편리한 생활을 하고 있지만
정서는 불안정하다는 것을
느낄 수 있다.

모든 사람들이 정서적으로 안정된 생활을 할 수
있었으면 하는 생각을 해본다.

연날리기

창호지나 백지를 이용하여
여러 가지 모양으로 크기를 접어
종이 중앙을 도려내어 구멍을 만들고
대나무를 가늘게 깍아서
뼈를 만들어 종이에 붙이고
실로 위아래 중심을 잘 잡아 졸라매어
바람에 날려 공중에 띄운다.

구정이 지나고 2월 하루 달이 지나갈 때까지
동네 오빠들은 논두렁 양지바른 곳에
옹기종기 모여앉아서 연을 날린다.

직사각형 모양의 연도 있고
마른모형 연은 꼬리가 길어서
아주 멋있는 연이다.
춤을 추며 바람을 타고 올라갈 때도
학이나 새가 날아가는 모습만큼
아름다워 보인다.

하늘 위에서 바람 따라 날으는
하나의 생명체이다.

오순도순 모여앉아
이야기도 나누며
서로 잘한다고 으스대기도 한다.

동네 남자 꼬마 아이들도 모두 나와서
연 날리는 형아들을 졸졸 따라다닌다.
오빠들은 추운 줄도 모르고 쪼그리고
앉아서 실패를 움직이다
배가 고프면 한 사람
한 사람씩 집으로 돌아간다.

어렸을 때는 연날리기 하는 것을
자주 볼 수 있었다.

요즘도 복고풍으로 명절 행사 때
어린이집이나 여러 기관에서
팽이 돌리기, 제기차기,
투호 등을 하고 있다.
연날리기도 했으면 좋겠다는 생각을 해본다.

참외서리

학교 밑에 대당리 (큰당리) 친구네 밭에
참외 몇 넝쿨 심어 놓은 게 있었다.
콩밭 사이에 심어 놓았는데 큰 길 옆이라
학교를 오고 갈 때마다
참외 열려 있는 것이 눈에 띄었다.
그 길을 지나 갈 때마다
먹고 싶다는 생각을 했었다.

어느 날 오후였다.
친구들이 모여서 수다 떨고
노래 부르며 놀고 있는데
비가 보슬보슬 내리기 시작했다.
몇몇 친구는 집으로 돌아가고
세 명이 남았는데
그 때 한 친구가
야~~ 비 오니까
사람이 안 지나 갈 거야 그렇지?
우리 저 참외를 따 먹을까? 라고

말하자 우리는 동시에
그러자고 대답하였다.

오후 3~4시쯤이나 되었을까
배도 고프고 지나 갈 때마다
먹고 싶었던 그 참외
우리는 셋이 함께 가서 따오기로
하고 밭으로 뛰어가
참외를 따려는 순간,
어떻게 아셨는지
친구 어머니께서 뛰어 오시며
저 도청리 가이나들
내가 그럴 줄 알았어
잘도 나와 봤제
하시며 소리 지르셨다.
우리는 걸음아 나 살려라 하고 도망쳤다.

참외를 따 먹지도 못하고,
옷만 다 버리고 집으로 돌아왔다.
한참동안 심기가 편치 못했다.

며칠 뒤 마을에 소문이 퍼졌다.

우리 어머니께서도 들으셨는지 고생해서 일구어 놓은
남의 것을 따 먹으면 안 된다고
꾸중을 하시며
(바늘 도둑이 소 도둑 된다)는 속담을 이야기 하셨다

그 후 얼마 뒤 해남 외장리에 사시는
우리 고모님이 참외 농사를 지으셨는데
태풍이 불어서 꼭지가 떨어져
상품 가치가 없으면 헐값에 팔린다고
배로 가득 싣고 오셔서
우리 집 마당 멍석 위에다
참외를 산더미만큼 쌓아 놓으셨다.

나는 집집마다 나누어 주느라
너무 힘들고
서리하다 들켜서 어머니께서
바늘도둑이 소 도둑 될 수 있다는 이야기가
너무 무섭게 느껴졌기 때문에
먹고 싶지 않았다.
지금도 참외를 별로 좋아하지 않는다.

한집에 사는 내 영원한 절친께서는

참외를 엄청 좋아하시는데

내가 안 먹는다고 잘 사지 않는다.

배려해 주시는 절친님 늘 고맙고 감사합니다.

그리고 존경합니다.

학교 밑 참외밭

새총놀이

오빠들과 남자아이들은 새총놀이를 하며
멍석 위에 앉아 있는 새를 잡기도 했었다.

성질나게 하면 너도 쏴 버릴 거야 !

나 건드리면
새총으로
대갈박 쏴븐다.

그 때 그 시절

산에 가서 꿩을 잡아와 꿩 불고기도 해먹고 미역국도 끓여 먹었었지~

징하게 맛있었어~~

냇가에서

퐁당퐁당 돌을 던져라

언니 몰래 돌을 던지자

냇물아 퍼져라

빨래하는 울 언니에게로~~

우물가에서 빨래를 하고 냇가에서 빨래를 하며
여름에는 둔벙(웅덩이)에서 목욕을 했었지~~

지금은 그 둔벙도 도랑도 다 없어져 버렸어~
그네 타고 놀던 사장 동산은 남아있어서 한번
올라 가 보고 싶다.

삔 치기

동청(마을회관)이나
학교 운동장에서 삔 치기를 할 때
다 따먹는 친구가 있었다.
둥근 원을 그려놓고
손으로 삔을 튕겨서
원 안으로 들어가는 사람이
상대방 삔을 가져오는 게임이다.

삔 치기를 할 때마다
친구 삔이 원 안으로 들어가서

선에 걸리면 선을 안쪽으로 그려서
뻰이 선 안으로 안 들어갔다고 우기고,
본인 뻰이 원 안으로 들어가서
선에 걸리면 선을 원 밖으로 그려서
뻰이 원 안으로 들어갔으니
자기가 이겼다고
우기는 깍쟁이 친구였다.

모든 아이들이 그 친구하고
놀이하는 것을 싫어했지만
착하고 순진한 친구 승주랑 윤희는
항상 그 친구 이야기를 잘 들어주었다.
그런 친구들이 이제 할머니가 되었다.

요즈음 복고놀이로
투호, 제기차기, 딱지놀이는
하고 있는데 뻰 치기는 하지 않는다.
여자아이들이 그런 놀이하는 모습을
볼 수 있었으면 좋겠다는 생각을 해 본다.

고무 줄 놀이도 함께했으면 좋겠다.

약장수 굿

갈꽃섬은 동부, 서부, 북부가 있고,
남쪽에는 면 소재지가 있었다.

동부 쪽은　• 구목리　• 동고리 부속마을(알게이)
　　　　　　• 천구리 부속마을(여개동)
　　　　　　• 석중리 부속마을(송안두)
　　　　　　• 충도리 부속마을(세탄몰) (가능게) (서짝끝)

서부 쪽은 •포전리 •소당리 •잘포리

　　　　•도청리 •대당리 •염등리

　　　　•당산리(당새이) 부속마을(들게이) 댓섬 지방 앞이 있었고,

북부 쪽은 • 북고리(부꾸지) 앞북고리 뒷 북고리

• 삼마리 • 미라리 • 신리 신목리

• 양하리 신양리라고도 불리우고 선창가 부둣가 있는

• 산양진이 있다.

2일 7일은 5일장이 서는 날이다.
옛 장터에서는 장날마다 포장을 치고
약장수 굿 무대가 펼쳐졌다.
나는 날마다 빠짐없이 몇 킬로를 걸어서
고개를 넘어 굿을 보러 다녔다.

하루는 심청전, 또 하루는 춘향전,
다음날은 흥부놀부전, 콩쥐팥쥐 등
계속해서 구경을 하고 와서,
밤에는 잠자리에 들기 전에 어머니께 하나씩
이야기를 들려 드렸다.
그래서 어머니께서도 못 가게 말리시지 않고
다녀오라고 하셨다.

그렇게 시간이 얼마쯤 지나자
굿은 끝이 나고,
국악 하시는 분들이 나오셔서 진도아리랑, 밀양아리랑 등 민요를
부르며 여러 명이 나와서 춤을 추기도 하고
무대가 광범해지고,
박진감 넘치며 관중들도 따라서 춤을 추고,
그런 분위기를 이용하여 통로 쪽에서는
약을 사는 분들이 무언가 펜으로 적고
외상으로 약을 사기도 하고,

현금을 주고받으며 분주한 시간이 계속 되다가
막이 내리면, 잠시 공개적으로 약을 파는
시간을 갖기도 하였다,
그래서 어르신들이 약 장수 굿이라고
말씀하셨다.

스타가 된 연예인이 무명 시절에
우리 고향 갈꽃 섬에 와서 뽐내며 무대를
장악하고 갔던 적도 있었다.

혼불

어둠이 내려와 거리를 덮고
마을 몇몇 집에는
초코지불을 켜는 집도 있고
와사등 불을 켜는 집도 있을 무렵이었다.

저녁밥을 먹고 새밖(대문) 밖으로 나갔다.
귀삳(골목)에서 이웃집 어르신들도 나오시고
아이들도 여러 명이 나왔다.
전빵(상점) 앞에 모여서 웅성웅성 이런저런
이야기들을 하고 있었다.

밤섬

별이 하나 둘씩 반짝 거린다.
그때 누군가 혼불이다,
하고 소리쳤다.
순간이었다.
어디어디 하며 하늘을 쳐다보는데
올챙이 같은 모양의 혼불이 지나가고 있었다.
모두들 일어나 어느 쪽으로 날아가는지 지켜보았다.

가끔 별똥은 보았지만 혼불을 본 것은
그날이 처음이었다.

어른들이 말씀 하시기를 꼬리가 없는 걸 보니
분명히 여자가 돌아가실랑가 본디
동네에 아픈 사람이 없는디 먼 일이다냐
얼마 전에 웃동네 아무게네 할머니도 돌아
가셨는디이 하시며 걱정을 하신다.

혼불이 초분 골 쪽으로 가다 밤섬으로 날아갔다.

초분 골이라는 곳은 예전에 사람이 돌아가시면
묘지를 쓰는 곳이었다.
벼농사 추수가 끝나고
지푸라기로 엮어서 만든
나람으로 집을 만들어 관을 덮어서
그것을 초분이라 하는데
그것을 보관했던 곳으로 그 주변을 초분 골이라 하였다.
양지바르고 초분을 보관하기에 적합한 곳이었다.

그 다음날이었다.
이웃집 할머니께서 목을 매고 돌아가셨다.

온 마을이 술렁거렸다.

혼불이 초분 골 쪽으로 가는 게 아니고,

밤섬으로 바로 날아갔다고 한다.

할머니의 장례식이 치러졌고,

혼불이 날아갔던 밤섬 밭에 묘지를 쓰게 되었다.

한참동안 마을 분위기가 우울하였다.

그때 전후로 우리 마을에는 이상한 일이 많이 생겼다.

재앙이 많았다.

젊은 부부가 함께 세상을 떠나는 일이 있었고,

혼인을 앞두고 돌아가신

멋있는 오빠,

예쁜 언니,

젊은 사람들이 1~2년 사이에

자살로 여러 명이 세상을 떠났다.

마을 어른들이 말씀하셨다.

몇 해 전에 사장(마을앞동산)에

소나무 가지가 찢어져서 피가 나더니

마을에 이런 일이 자꾸 생긴다고,

찢어진 나무에 우리 또래들이 줄을 묶어놓고,

그네를 탔는데 나무에서 피가 난다고 못 타게 하셨다.

전설의 고향 드라마가
우리 마을에서 펼쳐지는 것 같았다.

책에 나오는 스토리 같은 일이
어릴 적 내 고향에서 일어났던 일들이다.

우리는 보리밭을 밟고 가끔 사장에 올라가,
어른들 눈을 피해 그네를 타고 놀곤 하였다.

지금도 나무가 몇 그루 남아 있는데.
우리들이 그네를 안 타서 그런지 아주 풍성해 보인다.

우리 마을에는 초등학교가 있고,
학교 옆에 작은 교회가 있고,
섬이지만 산과 들이 사면을
둘러싸고 있으며
맑고 화창한 날에는
마을 뒤 움악산에 올라가서
멀리 바다를 바라보면 한라산 봉우리가
희미하게 보이는 아름다운 산촌 마을이다.

산 넘어 시골마을

하늘도 푸르고,

산도 푸르고,

바다도 푸른,

건강의 섬

갈 꽃 섬

씻김굿

아랫마을 언니네 할아버지가
돌아가셨다.
3일장을 치르고
3호제도 지나고
며칠이 지났다.
씻김굿을 한다면서
동네 당골레를 불러오고,
타 동네에서도 무당들을 불러왔다.

오각목 천을 길게 잘라서 띠를 만들어 놓고,
마포와 당목으로
여러 벌을 만들었다.
종이로 울긋불긋 꽃을 만들어서 장식을 하고,
징, 꽹과리, 북을 준비하고,
음식은 상다리가 부러지도록
수북수북 쌓아올려 차려놓고,
저녁이 되어
어둠이 짙어지기를 기다렸다가

씻김굿을 시작하였다.

마당 덕석 위에, 안방에, 행랑채에, 정지에
마을 분들이 거의 다 모이셨다.
무당들이 종이로 만든 모자를 쓰고
깃발 같은 옷을 입고,
비나이다.
비나이다.
모든 신령님,
조상님,
성주님,
온갖 귀신들을 다 부르며
얼마만큼 진행을 하다가 잠시 멈추었다.

굿을 멈추더니 방아 체에다 쌀가루를 뿌려서
대나무로 엮어 창호지를 씌워놓았던 것을
뜯어보기로 하였다.
창호지를 제치며 무당이 하는 말씀이
고인이 좋은 곳으로 가셨으면
새가 되어 훨훨 날아다니고,
죄를 많이 지었으면 구랭이가 되어
기어 다닐 것이고,

게으름을 피웠으면 소가 되어
일을 많이 할 거라고, 하셨다.

드라마 같은 장면이 펼쳐지는 순간이었다.

쌀가루 위에 새 발자국이 있다 하며,
고인이 살아생전에 선한 양반이라
좋은 데로 가셨는갑소,
용씨네 집안 식구들 와서 보시오~
무당이 덩실덩실 춤을 추며 돌아다니자
식구들이 다 와서 들여다보았다.
언니네 아버지는 외아들이셨고,
여동생인 고모 한 분만 계셔서
직계 가족은 단출하였다.

동네 어르신들도 모두 보시며 말씀하신다.
용씨네 할아버지가
새가 되어 훨훨 날아 다녀서 좋으시겠다고,
허드렛일을 하시던 분들은
고시레를 하고,
음식상을 치우고 그렇게 씻김굿은 막을 내렸다.

내가 어릴 때 우리 고향의 풍습은
TV '전설의 고향'에 나오는 장면들과
비슷한 일들이 많았었다.

지금은 많이 변화되어
열악한 환경에서 벗어나 아름다움을
상징하는 모습과 웅장한 주택들을 볼 수 있어서
마음이 뿌듯하다.

겨울 준비

바닷가 사람들은
아침 조금 무쉬
한 물, 두 물, 세 물
열두 물까지 세며
한 달에 두 번
사리 때 물이 쓴다, 든다.
이렇게 말씀하시는데
밀물, 썰물일 때에 하시는 말씀들이다.

또 겨울이 되면
꼭 해야 할 일이 3가지가 있다.
김장을 하고, 메주를 만들고,
초가지붕을 이는 일이다.

벼 짚으로 나람을 엮어서
모리를 틀고 지붕 위에
옷을 입혀야 눈비가 와도
지붕에서 물이 세지 않는다.

날씨가 추워지기 전에
마을 어르신들이 품앗이로
초가지붕에 올라 가셔서
지붕에 깊은 자리는 지푸라기를
메우고 전체적으로
한 겹을 더 씌우고 마무리를 하신다.

김장은 배추를 소금에 절이고 밤에는
무채를 썰고 마늘을 찌고 깨를 볶고
갈치 젓어리, 멸치 새우젓
야채, 청각 등 여러 가지 양념을 준비하여
다음날 가마솥에 찹쌀 풀을 쓰고,

큰 통에다 모든 양념을 섞어서
짠 물이 잘 빠지도록 준비해 놓았던
배추를 한 폭 한 폭 비벼서 항아리에
담아 곳간이나 햇볕이 들어오지 않은
서늘한 곳에 보관하여 봄동이
나올 때까지 먹고
김장하기 전까지도 먹는다.

메주를 만들 때는 메주콩을

깨끗이 씻어 물에 불린다.
불려 놓았던 콩을 가마솥에 삶아서
절구통에서 찧는다.
나중에는 기계에다 갈기도 하였다.

메주를 만들어서 짚으로 엮어서
처마 밑에나 대청마루에 메달아 놓았다가
추운 겨울이 지나면 장을 담근다.
장을 담글 때는 물 5L에 소금 1kg 정도
메주 1개를 넣어 비율을 잘 맞추어
큰 항아리에 담아서 계란을 띄워보고
많은 양을 담가놓고 붉은 고추와 숯을 넣고
항아리 입구에다 금줄을 묶어 놓은 경우도 있다.
양지바른 곳에 햇볕이 잘 쪼이도록 하여
일정한 기간이 지나면 소금물에 담가 놓았던
메주는 꺼내어 으깨면 된장이 되고
국물은 끓이면 집 간장이 된다.

지금도 고향마을에서 김장할 때는
품앗이를 하고
돼지고기를 삶아서 이웃끼리 모여서
잔치를 벌이기도 한다.

바다 냄새가 물씬 풍기고
푸르고 싱그러움이 넘치는
웃음꽃 피는 고향

갈꽃 섬 주민들의 행복한 삶의 이야기는
언제나 정겹게 들려오고 있다.

2월 초하루

음력으로 2월1일
하루 달이라 한다.
집안 잡귀 물리치고
1년 내내 우환을 없앤다며
새끼를 왼쪽으로 꽈서
새끼줄에 피마자 줄 묶어놓고
손잡이는 대나무로 만들어
장남인 큰오빠가 끌고
앞에서 진자 끌자
작은 자 끌자 외치면
뒤에서 동생들이
작은 자 끌자 라며
줄지어 따라간다.

앞마당에서 시작하여
정지(부엌)으로
대안(뒤꼍)으로 몇 바퀴를 돌며,

진자 끌자
작은 자 끌자
진자 끌자
작은 자 끌자

까작집 옆 볼데집 베늘까지
돌아서 칫간까지
돌고 난 후
마무리하고
깡통에 불에 탈 수 있는
땔감을 담아
들판으로 나간다.
성냥으로 불을 붙여
돌리기 시작한다.

잘못 돌리면 불타지 않아
동네 오빠들은 통 속에서
불이 활활 탈 때까지
빙글빙글 돌고 돌아
신이 난다.

여자 아이들은 멀리 떨어져서
한참 구경하다가
집으로 돌아와서 볶아놓았던
콩도 먹고 땅콩도 먹고
오순도순 이야기꽃 피워
추억을 엮어낸다.

갈꽃 섬 2월은
그렇게 시작된다.

상여소리

마을에 연세 드신 할아버지가
돌아가셨다.

그 당시 사람이 돌아가시면
지붕 위에다 옷을 던졌다.
이 세상에서 저 세상으로 가는
통로이다.
마을 분들이 모두 모여서
음식을 하고
명인이 입을 옷과 상주들이 입을 옷을
하는 것이 우선순위다.

음식을 준비하는데 가장 먼저
따로 하는 밥이 있다.
멧밥이다.
멧밥을 하는 분은 1년 중 집안에
장례도 치른 적이 없고
아이가 태어난 일도 없는 사람이 해야 한다.

관이 준비되어 도착하면
안방 마루 대문 앞 마을 입구
여기저기 음식상을 차려 놓는다.
부고를 받고 멀리 사는 친척들이 도착하면
출상 준비를 한다.

마을 앞에 상여를 준비해 놓고
집에서 관을 메고
상여가 있는 곳으로 이동하여
울긋불긋 꽃으로 장식한 상여를 올려놓고
유대 군들이 메고 만가를 부르기 시작한다.
앞에서 주장 어르신이 종을 들고 흔들며

가네 가네 아주 가네
이제 가면 못 올 때로
라고 하시면 유대군 들이 따라서

어허널 어허널
어너리 넘자 넘어요.

어허널 어허널
어너리 넘자 넘어요

유대군 들의 뒤를 따라
장손이 사진을 들고
이어서 상주들이 곡을 하며 따라간다.

그렇게 몇 바퀴를 돌다가
그 집안에 큰 사위를 상여 위로
올라가게 하여
기부금을 내도록 한다.
돈을 조금 내 놓으면 막대기로
발목을 때리고
춤을 추게 하여 적절한 금액을 내고
유대군 들과 어느 정도 협의가 되면
상여에서 내려온다.

갈꽃 섬에는 우리나라에 있는 성씨들은
거의 다 모여 사는 곳이다.
그래서 어르신들 하시는 말씀이
파당이 세다고 하신다.
보기 드문 용씨도 있고,
추씨, 마씨, 천씨, 곽씨
공씨, 백씨, 부씨도 있었다.

장례식이 끝나고 상주 집안에서는
노래가 흘러나온다.
애석하게 돌아가신 분은 아니지만
돌아가신 분이 호상일 경우에는

마을 분들이 모두 모여서
놀아 주는 것이
갈꽃 섬의 유래이고 풍습이었다.

요즘은 육지 분들이 많이 들어와
살고 있기 때문에 현대식으로
바뀌었고.
젊은 사람들이 쉽게 할 수 있는
방법들을 선택하여
생활하고 있는 것 같다.

설 날

설날이 되면 집안 구석구석
대청소를 하고
마루 찬장 속에 있는 놋그릇도 꺼내고
냄비들도 꺼내어
반질반질하게 닦는다.

방 한구석을 차지하고 있던 콩나물.
녹두(숙주)나물 항아리도 모두
우물가로 나오게 된다.
썩지 않고 잘 자라도록 재를 뿌려 길러온
콩나물, 녹두나물을
바구니에 처대서 깨끗이 씻고
토란나물, 고사리나물,
여름에 말려놓았던 호박나물, 든북나물
생선종류는 도미, 농어, 서대, 준치
문저리(망둥이), 문어 등
여러 가지 나물과 과일을 준비하고,
시루떡을 하고 전을 부치고

꼬치산적을 만들고
조청도 만들고
평소에 먹어 볼 수 없는
음식들을 장만하여 차례를 지낸다.

다음날 아침이 되면
남자 아이들은 검정 교복을 입고
여자 아이들은 멜빵 치마에
깐치(색동) 저고리를 입고.
할아버지 할머니께 세배 드리고,
아버지 어머니께도 드린다.
집안에서 세배가 끝나면
꺼먹두리(검정고무) 신발 신고
여자 아이들은 리본이 그려진
고무신을 신고
친척 어르신들에게 세배를 드리러 간다.

갈꽃 섬 어머니들의 이름은 수없이 많다.
집사람, 여편네, 즉엄메, 어~이.
이녁, 아무게넘.
어마이, 엄니, 어머니 등
아버지 이름도 굉장하다.

집이어른, 우리집양반, 아무게아부지,
아무게남, 즉아부지, 예말이요,
아부지, 아버지 등
윗집 숙모님 댁에 세배 드리러 가면 두 분
어르신들께서 거의 쓰시는 말씀들이다.
꼬꼽쟁이(구두쇠)라고 소문 난
오촌님께서는 세배를 받으시고
세배 돈 주실 때는 아까워 못 주시고
핑계삼아 숙모님을 부르신다.
어~이 하고 부르시면서
아그(아이)들 세뱃돈은 이녁이 알아서 주소
라고 말씀하시면
숙모님께서는 나가 돈 멘드는 사람도 아니고
돈은 즉아부지가 다 갖고 씀시로 (쓰면서)
나보고 주라고 하요 하시며
예말이요, 어째 그렇게 꼬꼽하요,
앉은자리에 풀도 안 나것소 라고 하신다.

오촌님께서는 버럭 하시면서
앉은자리에 풀도 안 난 사람들은
최씨한테 하는 소리 제 나가 김씬디
이놈의 여편네가 시방 뭐라고

깝죽 거린거시여
그러시자 숙모님께서는 두른두른
(중얼중얼)하시며
일환짜리 동전 몇 개를 방바닥에서
꺼내시며 저놈의 영감탱이 내가 일평생을
이러고 살다 가게 생겼어
하시면서 우리들에게 맛있는
음식을 차려주시고
식혜도 마시라고 주신다.
두 분은 정이 많으신 분들이다.

오촌님은 성격은 버럭 하셔도
항상 우리들에게 칭찬과 격려를 해주시는
고마운 분이시다.
주름진 모습과 함께 세월이 흘러
가는 것이 아쉽다 하시던
오촌님의 말씀이 귓전을 때리며
옛 추억을 생각하면 가슴이
설렌다.
고향은 언제나 달려가고픈 곳이다.
  ~~~~~~!

고 향

2장

구멍 난 양동이

마을 앞 우물에서 양동이에
두레박으로 물을 길어서 머리에 이고,
집으로 오면 우리 할머니께서는 칭찬을 해 주셨다.

하루에 열 번 정도 물을 길어 와야
적절하게 쓸 수가 있다.
새끼줄로 꼬아서 만든 또가리(똬리)를 머리에 올려 놓고
양동이를 이고 오는데 물이 출렁출렁 넘쳤다.
나중에는 양동이 물 위에 바가지를 엎어놓고
이고 오면 물이 출렁이지 않고
가득 채워서 이고 올 수가 있었다.

집안에 딸이 없는 병준이 오빠는
물지게에다 지고 이쪽저쪽 양동이
두 개로 물을 길어 날랐다.

어느 날이었다.

양동이를 들고 물을 길으러 가다가

돌 뿌리에 발이 걸려 넘어져 양동이가 찌그러졌다.

찌그러진 양동이를 펴려고 빨래 다듬이 위에 올려놓고

짜구(자귀)로 때렸는데 양동이에 빵꼬(구멍)가 났다.

내 손이 찢기고 무릎이 멍든 것보다

찌그러진 양동이에 구멍이 난 게 너무 속상해서

엉엉 울었다.

그 후 얼마 지나 집집마다 샘을 파서

펌프로 물을 길어서 쓰게 되었다.

어른들이 작두질을 한다고 표현하기도 하셨다.

펌프에 물을 부어주고 손으로 잡고 작두질을 하면

물이 펑펑 쏟아졌다.

물지게를 많이 지고 다녔던 병준이 오빠는

키가 조금 작은 편인데, 한창 성장할 시기에

물지게를 많이 지고 다녀서 키가 크지 않았다고

투덜대기도 하였다.

물 길어 나르던 시절 병준이 오빠를 보고 그 후에는

만나지 못 했다.

지금은 키가 많이 크셨나~
아니면 나이가 들어 키가
줄어들지는 않았는지

힘들었지만 그 시절이 그립다.

소당리 쪽에 있는 (통 샘)
마을 중간에 물 길으러 다녔던 (앞 샘)
학교 밑 샘은 짠맛이 나지 않고
산에서 흘러나오는 청정수 같은 물이 있는 (웃 샘)
지금도 산속에서 흐르는 물은
마을 분들의 청결함을 유지해 준다.

.

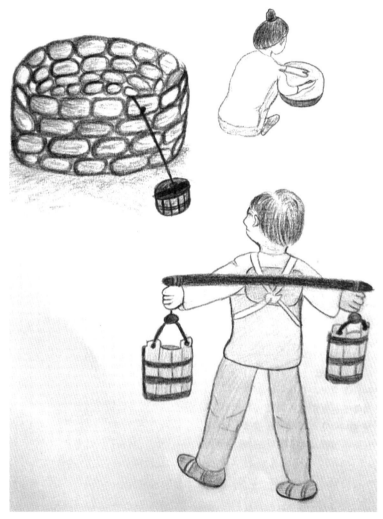

병준이 오빠

한밤중에 쥐새끼 난동

병준이 오빠는 밤마다
우리 집에 와서 잠을 잤다.
어느 싸늘한 가을 밤
고요한 정막이 흐르고 있을 무렵
작은 방에서 들려오는 비명소리

아이고 사람 살려
아이고 사람 살려
쥐새끼 한 마리가
병준이 오빠 옷 속으로 들어가
팔을 물었던 것이다.

아버지께서 고함소리를 듣고
작은 방으로 건너가 팔 속에 들어가 있는
쥐를 잡으셨다.
그 때는 고양이가 별로 없고
주위 환경이 열악하여 길을 지나갈 때도
쥐들이 눈에 띄었다.

그런 상황이었기에 오빠들이
자고 있는 방까지 들어가서
팔을 물었던 것이다.

지금도 고향마을은 시골이지만
주위 환경이 청결하여 쥐가 살지 못하고
바닷가 쪽에는 도시에서 보기 드문
웅장한 주택들이 많이 있어서
마음이 뿌듯하다.

어메 어메 우리 어메

어르신들이 우리 마을을
웃동네, 아랫동네라고 부르셨다.
아랫동네 영이네 옆집에
자식이 없이 혼자 사시는
할머니가 한 분 계셨다.
영이네 집에 놀러 갈 때마다
들려오는 소리가 있었다.
홀로 계신 할머니께서는
신세타령을 하셨는데
목소리가 구성지고
국악하시는 분처럼
가락을 잘 타셨다.

어메 어메 우리 어메
뭐할라고 날 낳았던가
세상만사 허무하네
한 많은 이 세상
신세 신세 내 신세야

덕석 위에 수수를 말렸다가
뒤집으면서도 노래하시고
대나무를 갈라서 손잡이에 실을 묶어서
콩을 치면서도 장단에 맞추어
노래를 하셨다.

　　돌고 도는 세상사
　　이 한 몸이 살고 지고
　　신세 신세 내 신세야

어린 내가 들어도 조금 슬펐다.

지금 그 할머니가 계신다면
얼씨구 학당에 나가셔서
노래 실력을 뽐내실 수 있었을 텐데
안타까운 생각이 스쳐지나간다.

간첩은 무서워

횡간도 섬에
간첩이 들어왔다.
잠수함을 타고 3명이 왔는데
1명은 헤엄을 쳐서
마삭도 쪽으로 도망쳤다 하고,
2명은 인가가 적은 쪽으로 향하여
산으로 올라갔다고 하였다.

마삭도

바다에 일하러 가셨다가
간첩을 발견하고
신고를 한 주민은 보복이 두려워
고향을 떠나 목포에 가서
경찰의 보호를 받으며 지내는데
고향이 그리워 힘들어
하신다고 하였다.
하지만 그때는 간첩을 신고하면
포상금을 받는다고
간첩이라도 잡아서 신고하여

돈을 많이 받았으면 하는
사람들도 많았었다.

산으로 올라간 간첩을 잡기 위해
31사단 부대가 이동하였고,
사살은 안 되고 생포하라는
국방부 명령이 내려졌다.
인력을 동원하여 하루 종일 찾아도
간첩을 잡지 못하고
해가 저물었다.
어두운 밤이 되자
대형 조명이 켜져서
바늘도 보일 정도로 밝았다.

횡간도 섬 사자바위

며칠째 반복하였으나
간첩을 잡지 못하고,
군인들과 예비군들에게
식사를 제공하다 보니
섬 전체 식량이
동이 났고
모든 자원이 부족하여
다시 국방부 명령이 내려졌다.

온 산을 다 뒤져서 사살하라 하였다.
샅샅이 뒤져도 못 찾다가 예리한
군인의 눈에 띄는 게 있었다.
솔잎을 한아름 꽂아 놓은 게 보였다.
그 속에 간첩이 숨어 있었던 것이다.
그곳에다 총을 한참 동안 쏜 다음
가서 솔잎을 파헤치고
간첩을 마을로 끌고 내려와
너무 분하여 사살당한
간첩에게 또 총을 몇 방 쏘았다고 하였다.

틈을 타서 나무 사이에
땅굴을 파고 들어가
밖에서 솔잎을 꽂아 놓은 것처럼
위장하였던 것이다.

횡간도에서 우리 마을로 시집온
언니 한 분이 친정 가 있는 동안에
일어났던 일이었다.
그 언니 말씀이 간첩이 얼마나 쫄았으면
고추가 번데기처럼 졸아 들었고,
아마도 간은 콩알만 해졌을 거라 하면서

북한에서는 아주 혹독한 훈련을 받았는지
발바닥이 돌처럼 딱딱했다고 하였다.

간첩 사건이 마무리 되고 그 이후에는
간첩을 찢어죽이자
김일성을 때려잡자
반공방첩 관련된
표어를 새기는
울력은 하지 않았다.

지금도 간첩이 있지만 70~80년대처럼
눈에 띄게 다니지 않을 것이다.
경기 영남 쪽에서는 전라도 지역 사람들을
빨갱이 집단이라고 생각하는 사람들이 많은데
국가가 그렇게 만들었다는 생각이 든다.

나라가 하루빨리 회복되어 선을 이루고
국가와 민족을 위해 최선을 다하는 진실한
지도자가 세워지기를 기대하면서~~~!

횡간도 섬 마을

도깨비 이야기

추수하기까지는 농부들의 수많은 노력과
시행착오를 겪어야 한다.
봄에 볍씨를 뿌려 이종을 하고
여름에는 주기적으로 등에다 통을 지고
분무기로 농약을 하며 도열병
약을 뿌리기도 한다.

논에 들어가 일을 하는 동안 거머리가
종아리를 물어 피가 흐르기도 하고
매루(멸구)를 잡을 때는 온 논에 기름투성이가 되고
풀을 메고 피를 뽑고 가뭄이 계속 들 때는
둔벙에서 타레박으로 물을 퍼서 논으로 붓기도 한다.

명중이네 할머니는 뻘뚱논에 물대러 가셨다가
도깨비를 만났다는 이야기를 하신다.
웃집 숙모님은 저넘구지 고구마 밭에 풀 메러 갔다가
밤이 되어 오시는데 양하리 잔등에서 도깨비 소리가 나서
숨도 안 쉬고 달려오시는데 몸빼바지 고무줄이 끊어져서

빤스 끈을 잡고 달려오셨다고 하신다.

온 들판이 노랗게 물들여지고
잘 익은 벼는 고개를 숙인다.
신장로에는 코스모스가 한들거리고,
우두커니 서있던 허수아비들도 자취를 감추고,
5일 장날 성냥간에 맡겨 놓았던 낫을 찾아와
벼를 베기 시작한다.

홀태로 나락을 훑고,

수확하는 기쁨에 웃음꽃을 피우고
이듬해에는 탈곡기로 훑고,
덕석에다 말려서 매상을 하고,
정미소에 가서 방아를 찧어야
마무리가 된다.
지금 고향 마을 앞 들판에는
농지정리가 잘되어 자동차가 씽씽 달려 다니고 있으며,
농약을 할 때도 경운기로 쫙 뿌려서 쉽게 하고
모든 것이 자동화되어 편리하게 하고 있다.

마을 앞 들판

새마을 운동

새벽종이 울렸네~~
새 아침이 밝았네~~

반공방첩이라는 표어를 돌에다 새겨서
바닷가 잘 보이는 곳
여러 섬 끝의 모퉁이에다
세워놓는 울력을 하러가야 했다.
새마을 운동도
함께 어울려 했던 때이다.

당시 우리 마을은 102가구에
1반부터 10반까지 있었고,
나중에 수문 앞 주민까지 해서
11반까지 있었던 적도 있었다.
한 가구에 한 명씩 울력을 나오지
않으면 벌금을 내야 해서
나는 어른들을 따라 산을 넘어
돌아서 바닷가에 도착하였다.

산등성이에 도착하니 마을 이장님께서는
인원을 파악하고 반 별로
어느 반은 반공방첩,
또 어떤 반은 김일성을 때려잡자,
간첩을 물리치자
반마다 한 개씩 돌을 모아 쌓아
시멘트로 발라서 작업이 끝나면
글씨를 새겼다.

반대편 섬 끝자락에는
김일성을 찢어죽이자
라고 쓰여 있기도 하였다.

수문을 막는데 일을 하러 가면
밀가루 배급을 받는데
벌금을 내지 않기 위해서
배급받는 것을 포기하고
울력을 나와야 했다.

지금도 우리 고향에는
마을에 일이 생기면
주민들이 나오셔서

울력을 하신다.

오춘님 숙모님
우리 마을 어르신들은
모두 다 호칭이 오춘님이시고
숙모님이시다.
고향 언어 중 큰 장점이란 생각에
마음이 뿌듯하다.

이웃사촌이라는 생각이 크고
두레, 품앗이 등 협동 정신이
자리 잡고 있는 것 같다.

갈꽃 섬의 뉴스

저녁밥을 먹고 난 후
마을 부잣집 미닫이 문짝에
네 다리가 달려있는 텔레비전 앞에
많은 사람들이 몰려든다.

나는 그때 텔레비전 속에 개미크기 만한 사람들이
수없이 들어가 있는 줄 알았다.
그보다 더 머리가 복잡했던 것은 라디오 크기는
아주 작은데 개미만한 많은 사람들이 어떻게
들어가 있을까? 라는 거였다.
너무 궁금하고 혼란스러웠지만 목소리가 아름다운
성우들의 날마다 이어지는 김삿갓 방랑기에 빠져 지내다
시간이 한참 지나서 그 오묘함을 알게 되었다.

그 때는 이해하지 못할 일들이 너무도 많았다.
어느 집에는 토방 밑에 닭장이 있는 집도 있었다.
닭이 알을 낳아놓으면 하루(화로) 불에다 구어 먹기도 하고,
보리나 수수도 구워 먹고

새를 잡아서 구워먹기도 하고
쥐를 구워먹는 경우도 있었다.

겨울에는 새벽에 일어나 해의(김)를 잘게 썰어서
둔벙(웅덩이) 옆에서 당꼬에 물을 부어 발장에 떠서 건장에다
꼬챙이로 널어 말려서 벗기고
밤에는 나무틀에다 결속해서 일본으로 수출을 했으며
틀에서 자르고 남은 서두가루(김 가루)는 따로 팔기도 하고
국거리가 없을 때는 가마솥에 노릇노릇하게 누른 누룽지 숭늉에다
김 가루 볶아 넣고 파도 숭숭 썰어 넣어 양념해서 먹으면
그 맛은 일품이며 별미였다.

지금도 김 반찬은 밥도둑이다 할 만큼
맛이 좋다.
요즈음 갈꽃 섬 주민들은 전복 양식하느라
김발은 많이 하지 않는다.

어렸을 때 섭대 발에 달려있던 그 자연(해의) 김 맛은
쉰 세대가 아니면 알 수 없을 것이다.

섭 대

▶김 떠서 말리는 물건들이 모였다.

나무틀 ～댓박

발장 틀

가오   마른 김

물통   건 장

건장에 말려놓은 김이 바람에 날려서 벗겨지면
몰래 한 장씩 뜯어 먹었던
　그 김 맛 은~~! 아 옛날이여~

흔들리는 가마

처녀 총각이 결혼을 하면 결혼식 전야제가 있다.
마을 분들과 친척 분들이 모두 모여서
음식을 하여 잔치 준비를 하고 돼지도 잡고,
부잣집에서는 소를 잡기도 한다.

옆집 오빠가 장가를 가는데
연세 드신 분들 하시는 말씀이 아무개가
동구지(동고리)로 장가를 가는데
색시가 가마 타고 오니까
맞이할 준비를 하라 하신다.
박 바가지를 준비해 놓고 기다렸다가
대문 앞에 와서 가마로 바가지를 깨고
집으로 들어가야 한다고 하신다.

드디어 가마가 마을 입구로 들어왔다.
젊은 장년들이 가마를 메고 오면서
흔들기 시작하였다.
어디서부터 흔들고 왔는지 모르지만

신부 마을과 우리 마을은 3~4km 정도 되는 거리다.
마을 어르신들이 가마를 흔들면 못쓴다고 하시면서
저건 안 좋은 징조라고 말씀하셨다.

가마가 대문 앞에 와서 멈췄다.
어르신들이 시키시는 대로
가마로 박 바가지를 와자작 깨뜨리고 난 후
마당으로 들어가 가마를 내려놓자
신부 맞이하는 분이 나오셔서
신부를 부축하여 방으로 모시고 들어갔다.

잔칫집이라서 아이들도 군데군데 모여
떡도 얻어먹고 뛰어 놀고
여기저기에서 분주하게 움직이며 대사를 치르는 손길은
일사천리로 진행되었다.
시간이 한참 지나 결혼식이 끝나는 것 같아
나는 집으로 돌아왔다.

그 후 며칠이 지났는데 옆집에서 왁자지껄
큰 소리가 났다.
나는 귀를 기울일 수밖에 없었다.
문화적 차이 때문에 섬에서는 놀이할 게 없으니

흔들리는 가마

남의 싸움하는 것 보고 듣는 것에도
흥미를 느낄 수밖에 없었던 시절.

숨을 죽이고 들어보니 시아버지이신
오촌님께서는 며느리에게 하시는 이야기가
객지에서 살면서 폐병이 걸렸는데
그걸 속이고 우리 집안에 시집을 왔다 하시고
신부께서는 아니다 건강한 몸으로 시집왔는데
과로와 스트레스로 인하여 병이 난 거라고 하시며
언성을 높이며 며칠 사이 그렇게 싸움이 계속되었다.

하루 이틀 조용하다가 또 시끌시끌하고
반복되더니 결국 그 오빠와 새 색시 언니는
헤어지게 되었고 얼마 뒤에 두 분은 서로 다른 사람과
결혼하여 잘 살고 계신다.

그 시절 섬 주민들의 풍습이 아련히 떠오르며
크고 작은 추억들이 주마등처럼 스쳐간다.

야구선수 윤숙이

야구를 잘하는 내 친구 윤숙이는
부잣집 막내딸인데 요씨까이(오자미놀이)도
잘하고 팔방 달리기 등 못하는 운동이 없는
예쁜 아이였다.
야구를 할 때는 왼손으로 공을 공중에 띄워
오른손으로 치고 1루에서 출발하여 2, 3루를 돌아서
홈으로 들어오는 것이다.

윤숙이는 항상 멀리 쳐서 요즘
야구경기장에서라면 홈런을 쳤던 것이다.
요씨까이는 오자미를 던져서 상대편을 맞추어
아웃시키는 게임이다.
먼저 두 편으로 나누기로 하고
누구를 갖고 싶나 사쿠라이포 하면
좋아하는 친구를 지목하여,
시간이 흐르면 자동으로 두 편이 갈라진다.
언제나 윤숙이가 들어있는 편이 이기는 팀이다.
그래서 서로 윤숙이를 자기 팀으로 데리고 가려고 한다.

그 때 우리 마을에는 또래 여자 아이들만
30명 정도가 되었다.
날마다 마을 귀샷(골목길)이 시끄러웠다.
윤숙아 지금도 운동 다 잘하니?
우리 더 늙기 전에 모여서 요씨까이 한번 해보고 싶다.

우리들의 어린 시절 놀이문화는
동적인 활동과 정적인 활동이 함께 어우러졌다.

그러나 요즘 아이들은 조금 다르다.
저 출산 문화와 IT시대에서 태어나
생활하다 보니 자라면서 혼자 활동할 수 있는
나이만 되면 전자파와 나쁜 공기와 함께 호흡을 하고
자기중심적이고 이기적인 성향으로
성장할 수밖에 없는 환경이 주어진
것을 느낄 수 있다.

아이들이 자연 속에서 마음껏 뛰어 놀 수 있는
환경을 만들어 주었으면 하는 생각을 해본다.

요즈음 아이들은 너무나도 똑똑하다 못해 영악하다.
그래서 마음이 무겁고 어린 시절의 추억이
더욱 그리울 때가 많다.

이렇게 푸르른 들판과 잔디밭에서
마음껏 뛰어노는 아이들이 많으면
좋겠다.

나의 살던 고향

어릴 적에는 높고 음험해 보였던 산들이
지금은 동산으로 보인다.
나의 살던 고향은 꽃피는 산골이 아니라
솔방울 따고, 솔갱이(솔가지) 끌어 모았던 고향인 것 같다.

꽃은 할아버지 산소 옆에 할미꽃
신장로에 코스모스
언덕 위에 제비꽃
뒷동산에 진달래꽃

남새밭 모퉁이에 접시꽃
부잣집 돌담장에 장미넝쿨 조금 있고,
보길도에는 동백꽃이 띄엄띄엄 있었으며,
그 외 꽃들은 별로 없었다.

그러나 지금은 갈꽃 섬이라 불리고 있으며
바닷가 쪽에 갈대꽃들이 한들한들 늘어져 있다.
보길도에는 동백꽃이 만발하여 바라보는
이들의 마음을 흐뭇하게 해 주고 있으며
1981년에 다도해상국립공원으로 지정되어
관광객들의 발걸음이 끊이지 않고 있다.

예송리 해수욕장의 몽돌은 신비스럽고
보옥리 공룡 알 해변에는 청명석이라는
갯돌이 알처럼 생겨 줄을 지어
사람들의 눈길을 끌고 있다.

중통리 해수욕장은 모래사장이 있어
여름에는 아이들과 놀이하기에 적절하여
관광객들이 수없이 드나들고 있으며

글 쓴 바위는

송시열 선생님께서

선조, 숙종 때 왕세자의 상서를 올린 것이

화근이 되어 제주도로 유배되어 가시는 길에

잠시 쉬면서 경치가 너무 좋아서

자신의 마음을 시로 표현하여

새겨놓으신 돌이다.

고산 윤선도 고적지도 가볼 만한 곳이다.

얼마 전 드라마 촬영장으로

연예인들이 수없이 드나들어

더욱 명소로 알려져 있다.

건강의 섬

청정의 섬

맑고 푸르른 고향 갈꽃 섬

뽀리기(보옥리) 쪽으로 가면

맬따구(멸치)가 많이 나와 젓갈이 유명하고

완도 노화 보길 넙도를 떠올리면

김, 미역, 다시마, 전복,

파래, 감태, 매생이, 싱게이,

가포래, 톳, 가시리 들이 생각난다.

또 앞 뻘에서 나오는 문저리(망둥이)는
얼마나 맛이 좋은지 모른다.
볼락도 빼 놓을 수가 없다.
가을에 나오는 삼치 회는
입에서 사르르 녹아
그 맛은 말로 표현하기 어렵다.
우리 고향에서 나오는 특산품은
생각만 해도 군침이 돈다.
너무나 맛있다고
모두들 입을 모아 이야기한다.

만보치기

우리 고향에는 옥돌이 나오는 광산이 있다.
버스도 다니지 않고 자가용도 없던 그때
5톤 정도 되는 덤프트럭이 우리 마을 앞까지 와서
사람들을 태우고 광산으로 갔다.

나도 옆집 언니랑 차를 타고 따라갔다.
트럭은 바닷가에 가서 멈추고
우리는 차에서 내려서 일을 하기 시작하였다.
옥돌을 머리에 이고 줄을 서서 구름사다리를 타고
배에다 싣는 일을 하였다.
한 번 이고 가서 내릴 때마다 엽전을 받았다.
그것이 (만보치기)다.

그렇게 배에다 실은 옥돌은 일본으로
수출을 한다고 하였다.

우리 둘째오빠는 땅굴 속에서 일을 한 적이 있었다.
하루는 일하다가 떨어질 뻔했는데

순발력이 있어서
다치지 않고 살아남았다고
이야기하였다.

그때 오빠 별명이 이소룡이었다.
평행봉에다 두 발을 걸고 몇 바퀴를 돌며
샌드백 자루를 치면서
챔피언을 꿈꾸기도 하고
서울에 올라가 살면서는
아마추어 권투 시합도 한 적이 있었다.
그때는 공부하랴, 운동하랴,

가난한 환경 때문에 두 가지 다 잠시
포기했던 적도 있었다.
물론 나중에는 권투 선수는 아예
그만두었지만 그때는 가난해서
잘 살아 보려고 권투를 했던 사람도
꽤 많았다.

고향 갈꽃 섬을 떠올리면
셀 수 없는 추억들이 많이 있다.

순간 생각하면 코끝이 시리고
10대로 돌아가 트럭을 타고 광산을
향해 달려가고 있는 듯한
느낌이 들 때가 있다.

옥돌이 나오는 광산

소 똥

내 친구 윤희는 소녀 가장이었다.
윤희네 아버지께서는 외국에 가셔서
돈을 많이 벌어 오셨는데 충주에서
운수사업을 시작하셨다.
그런데 소문에 의하면
새 여자가 생겨서 살림을 차렸다고 하였다.

그로인해 고향집에는 소홀이 하셔서
엄마가 집을 나가셨기 때문이다.
윤희 어머니께서는 서울에 올라가서 직장을 다니시며
얼마 후에 자리를 잡고 내려 오셔서 자녀들을
한 명 두 명 모두 데리고 올라가셨다.

엄마가 안 계시는 동안 윤희는 집안일을
맡고, 동생들을
보살펴야 했다.
하루는 밥을 하는데
나무가 없어 할 수가 없다며

바구니를 들고 밤섬 앞 들판으로 가서
며칠 전에 말려놓았던 소똥을 담아 이고 와서
밥을 하고 고구마를 쪄 먹기도 했었다.

밤 섬

한참동안 가장 역할을 하며
어느 날은 논 고동을 잡아와 삶아
시장에 가 팔아 생활비로 쓰기도 하고
산에 가서 솔골 나무를 해 오기도 했었다.

그 때는 땔감 나무가 부족하여 소똥을 말려서
불을 피우는 집도 많았고 남자 친구들은
고깽이, 짜구, 도끼 등 여러 가지 연장을 가지고
산에 가서 꽃샘뿌리를 캐 와서 불을 피우기도 했었다.
산이 없는 집에서는 보길도에 가서
나무를 해서 배에다 싣고 며칠씩 걸려
겨울 준비를 하였다.

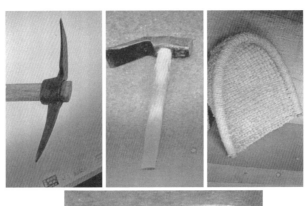

우리가 어렸을 때는 들판에서 놀이도 하고
뒷동산에 올라가 돌로 된 미끄럼도 타며
즐겁게 보낸 일들이 많았다.
공기 좋고 맑고 푸르른 고향 산 비탈길
지금도 새가 지저귀고 움악산 밑 골짜기에는
맑은 물이 졸졸졸 흐르고 있다.

친구 윤희네 5남매는 현재 서울에서 공무원으로 사업가로
모두 성공하여 지금은 다복하게 잘 살고 있다.
사랑한다.
내 친구 윤희야~~

큰목골

뻘에서 태어난 언니

봉대미 무인도가 보이는
댓섬 앞 바닷가에 굴을 따러 갔다.
친구들도 여러 명이 같이 갔었다.
가는 길목에 염전이 있는데
소금이 군데군데
산더미만큼 쌓여 있었다.

나는 바다에서 하는 일은 꼴찌였다.
예명이 뻘단이 언니가 있는데
그 언니는 뻘에서 낳았다고
마을 어르신들이 뻘단이라고 불렀다.

바다에서 태어나서 그런지
소라도 잘 잡고
대롱도 잘 잡고
조개, 굴 따기,
게도 잘 잡았다.
바다에서 하는 일을 모두 잘 하는

봉대미가 보이는 언니가 태어난 곳

예쁜 언니였다.

삐치기 할 때 깍쟁이 친구 경숙이는
대롱 잡는데 선수였다.
나는 표현하지 않았으나 승부욕이
강한 아이였다.
그래서 꼴찌 하는 바다는 싫어했다.

지금도 별로 좋아하지 않는다.

산에서 나무하는 것은 잘했다.
나보다 한 살 더 먹은 영희 언니만큼

소나무 위에 올라가 솔방울 따는 것도 잘하고,
나무를 주어 묶어 머리에 이는 것도 잘했다.
샌나꾸로 나무를 묶을 때
가장 두툼한 나무 한 개를
조금 길게 빼서 묶어 혼자 안아서
머리에 이고 발로 살짝 들어주면
거뜬히 집으로 돌아 올 수 있었다.

내가 어렸을 때는 불을 때서
난방을 하고 음식도 해서
산이 벌거숭이가 될 정도였다.
한겨울 땔감 나무를 할 때는
산감에게 허가를 내야 했었다.

지금은 뒷동산도 쉽게 들어갈 수가
없을 정도로 숲이 우거져 있다.

하지만 저녁노을과 함께
갈매기 떼가 줄을 지어 동산을 넘어
너울너울 춤을 추며
바다 위를 나르고 있는 자연의
아름다운 모습은 여느 때와 같다.

찐보 & 뱅식이

내 친구 효경이 어머니께서는
장애인 청년 찐보 뱅식이 오빠를 데려다가
밥을 주고 항상 따듯하게
대해 주셨다.

경상도 분들이 쌀 발음, 쑥 발음을
못 하는 것처럼
우리 고향 분들도 못하는 건지
습관이 된 건지
명자 발음을 못하고
명순이를 맹순이라 하시고,
명식이를 맹식이라고, 부르신다.

찐보 오빠, 뱅식이 오빠 이름도
진보와 병식이다.

나이 드신 어르신들이 그렇게 부르는
것은 이해가 되는데

젊은 사람들이 그렇게 부를 때는
여간 (정말) 우습고
조금 맹하게 느껴진다.

친구 경숙이를 어른들이 부를 땐 갱숙이다.
이쁘게 멋을 내고 아랫마을에서
웃마을로 마실을 가면
어른들이 보시고
갱숙아 너는 꼰닥시리고
어딜 그렇게 가느냐고 물으신다.

경숙이는 대답 대신 한 마디 던진다.
어째 그렇게 말씀을 맹하게 하신다요.
그냥 너는 이쁘게 차려입고
어딜 그렇게 가느냐고
이야기하면 어디가 덧나요~
하며 말대꾸를 한다.

효경이 어머니께서는 진보, 병식이
오빠와 그의 색시까지도 불러와서
밥을 주시곤 하셨다.
그래서 그분들은 효경이네 집에서

거의 생활을 하셨다.

효경이네는 정미소를 하는데
식구가 (대가족)이었다.
할아버지, 할머니,
아버지, 어머니,
삼촌, 언니, 남동생들 세 명
나중에는 삼촌이 결혼하셔서
작은엄마까지 함께 살았던 때도 있었다.

효경이 어머니께서는 가족들이
그렇게 많은데도
불쌍한 사람들에게 밥을 주시고
친절하게 잘 해주셨다.

그렇게 덕을 베풀고 살아서 그런지
효경이네 5남매는 모두가
다복하게 잘 살고 있어서
행복해 보인다.
그래서 마음이 뿌듯하고 기쁘다.

그칠 줄 모르는 웃음

어느 날 우리 집에
친구 준희가 놀러와
우리 할머니는 토방에
상을 펴고 앉으셔서
상 위에다 콩을 올려놓고
콩을 고르시며
콧노래를 흥얼거리셨다.

마을에 잔치가 있을 때
춤추고 노래하는데
우리 할머니는
한복 곱게 입으시고
노래도 제법 잘하시고
덩실덩실 춤도 잘 추셨다.

그런 할머니가 콧노래를 하시는 것이
왠지 우스워서
웃었다.

우리 할머니 말씀이
한창 때는 소똥 굴러가는 것만
보아도 웃는다더니
뭐가 그리 우습니
그만 웃으라 하셨다.
우리는 더 크게 웃었다.
웃음이 그치질 않았다.

할머니 왈, 이 가시낭년들이
허파에 바람이 들었다냐
허파에 바람 들면 약도 없어야 하시며
언성을 높이시니
우리는 손으로 입을 꼭 막고
집 모퉁이 까작 집으로 들어가
웃음이 그칠 때까지
실컷 웃다가 나왔다.

친구야 생각나니
그때 그렇게 웃었던 일을…
못 만난 지가 40년이 지나
네 얼굴이 희미하구나.

10년이면 강산이 변한다는데
강산이 4번이나 바뀌었구나!
우리 고향 마을에 초가지붕
도단(양철) 집들이
지금은 양옥집으로 다 바뀌어서
우리가 들어가 숨어 웃었던
그 (까작집이)
창고로 변해 부럿어야 ~~~

장독대 위 팥 칼국수

흰 눈이 펑펑 내리는 날 웃집 숙모님께서는
가마솥에다 팥을 삶고 밀가루 반죽을 하여
팥죽을 쓰셨다.

인심 좋고 정이 많은 숙모님께서는
가마솥으로 팥죽을 가득히 쑤셔서
앞집 뒷집 옆집
모두 나누어 드시고 남아서
온박기(항아리)에 담아
장독대 위에 올려놓으셨다.

우리는 밤에 모여서 발장을 치다가
배가 출출하여
집집마다 먹을 것이 있는지 찾아 다녔다.

그러던 중 웃집 숙모님 댁 장독대에
팥죽을 발견하고, 그걸 들고 와서 모두 먹었다.
동지 팥죽보다 더 맛있었다.

우리는 팥죽을 훔쳐 와서 다 먹고,
항아리를 가져다 놓아야 해서
생각 끝에 발장을 한 사람이 한 장씩
항아리 속에 담아서 다시 그 자리에
가져다 놓았다.

인자하신 숙모님!
열무김치, 총각김치와 함께 그 맛있고
쫄깃쫄깃한 팥 칼국수
다시 한 번 먹고 싶네요.

초고지 불 켜 놓고 발장 치던 영희네 골방
지금은 텃밭으로 변해서 상추, 배추, 쪽파, 무, 마늘 등 여러 가지
야채들이 계절마다 춤을 추고 있다.

콩밭 매는 아가씨들

햇볕이 쨍쨍 내리쬐는
어느 여름날이었다.
우리는 밤섬 승아네 콩밭에
풀을 매러 갔다.
경숙이랑 승아랑 셋이서 풀을 한창 매고 있는데
신장로에 군복 입은 청년
세 명이 지나가고 있었다.
그 청년들은 군 제대를 하고 동원 예비군 훈련을
처음 받고 오는 길이어서 새로운 얼굴들이었다.
이목리에서 집결하여 지방 앞까지 가서 훈련을 받고
오던 중이었다.

풀을 매던 우리는 덥고 힘들어서
셋거리를 먹으려고
잠시 쉬려던 시간에 그 오빠들은 큰길을
지나가게 되었던 것이다.
그때 경숙이가 장난기가 발동하여
시동을 걸었다.

밤 섬

"어~어이~~"
"거기 지나가는 방위들~"하고 불렀다.

나는 오빠들이 있어서 군복을 보고
방위는 아니라는 것을 알아보고
"야 방위는 아니야"라고 이야기했지만
경숙이는 내 말은 들은 척도 하지 않고
계속 "어~어이~ 방위들
여기 밭으로 한번 올라 와 볼라요?"
하며 큰 소리로 불렀다.
승아랑 나는 그러지 말라고 말렸다.

군복 입은 오빠들

콩 밭 매는 아가씨들

주위에 어른들도 안 계시고 조금 무서웠다.
그 오빠들은 잠깐 서성이다 지나갔다.

그러자 경숙이는 남자들이 쪼잔하고 등신들이라
가이나들이 오라해도 못 온다면서
기어이 올라오게 해야지 하며
느그들 내가 저 방위들 올라오게 하는지 못 하는지
내기 할래 하면서 또 소리쳤다.
"어~~어이~"
"저 쪼잔 하고 등신 같은 물 방위들
여자 앞에서 쪽도 못쓰고 그래가지고
장가는 어떻게 갈라요?"
하며 소리치자 오빠들이 자존심이 상했는지
열이 받아서 밭으로 올라오는데
얼굴이 울그락 불그락 해서 우리들 가까이 다가왔다.
한 오빠가
"야 ~ 누구야" 하고 말하자

승아랑 나는 풀을 매는 척하고
경숙이가 일어서서 당당하게 말했다.
"아따메 오빠들이랑 친하게 지내 볼라고
와보라고 했는디이 그냥 가붕께 그라고 말했지라우

그라고 가이나들이 오라하면 좀 올일이제

우리도 자존심이 있제

그건 그렇고 아따 베고플텐데

이리 좀 앉지시요이" 하면서

다정하게 이야기하자

붉어졌던 얼굴이 조금 가라앉으며

한 오빠가

"야 ~ 앉자" 하면서

"야~ 느그들 도청리 살지

누구 동생이여

오빠 있어 없어

오빠가 누구여?" 하며

따지듯이 묻자

옆에 있던 한 오빠가 너무 그러지 마라

애들 주눅 들겠다, 하시며

모두 앉아서 부드럽게 물어보셨다.

한참 이야기를 들어보니 큰오빠 친구 분들이었고,

충도리 (가능게) (세탄몰) 사는

오빠들이었다.

그 후 우리는 읍네 장에 가서

오빠들을 만나 다방에서 차도 마시고
이바지 빵집에서 빵도 사줘서 먹기도 했고
장날이면 가끔 만날 수 있었다.
우리 보다 5~6살 더 많은 오빠들이셨다.
여동생이 없는 오빠는 친동생처럼
잘 대해 주셨다.

나중에 그 오빠들 중 한 분은 같은 마을에서
우리 친구와 결혼하여 잘 살고 계신다.

오빠들 세월이 많이 흘렀지요.
지금도 여전히 노래를 잘 하시겠죠?
기타 치며 노래하는 오빠~!
미성으로 꾀꼬리처럼
노래를 잘 하는 오빠~!

그 노래 다시 한 번 듣고 싶네요.

 (이정표 없는 거리)
 (돌아가는 삼각지)

오빠들~

지금은 고향 갈꽃 섬에도
걸어 다니는 것이 아니고
차를 타고 다니는데
네비게이션 이모가 있어서
이정표 없는 거리가 나와도
까닥 (걱정) 없어요.

노래도 이정표 없는 거리는
부르는 사람도 없어요.

우리가 노래 부르고 놀 때는
가지마오 가지마오
그런 노래를 불렀는데
요즘 아이들은 가버려 꺼져버려 그런
노래들을 부르고 있더라고요.

그래도 옛날 노래를
리메이크(remake)해서
부르고 있어 다행이에요.

꽃섬 화도(花島)

육지와 다르게 문화적 차이가 많이 났던
갈꽃 섬에서 4월초 8일은 노는 날이라 하여
우리는 동네 오빠들을 따라 배를 타고
작은 섬으로 놀러가기로 하고 출발하였다.

노를 저어서 가는데 놋봉이 빠지면
다시 놋봉을 맞추어 또 저어서 꽃 섬
(화도)에 도착하였다.

인심 좋은 마을 분들이 반갑게 맞아 주시며
맛있는 음식을 주셔서 잘 먹고 섬 곳곳을
돌아보며 예쁜 꽃도 구경하고 저 건너섬은 (흑일도)
이쪽 섬은 (백일도) 저 쪽은 (구도) (횡간도)
(소안도) (청산도) (생일도) (마삭도) (보길도)
(넙도) (세넙도) (장구도) (생일도)
금일 고금 약산하며 세고 있는데 옆에서 누군가가
야 (자지도)도 있잖아, 라고 해서 박장대소하며 웃었다.
꽃 섬이 들썩거릴 정도로 배를 움켜잡고

뒹굴며 웃는 친구도 있었다.

우리는 높은 산에 뾰족뾰족한 바위들도 쳐다보며
산모퉁이를 돌아서 골짜기에 흐르는 물을 따라
시냇물은 졸졸졸 하고, 노래 부르며
흥겹게 시간을 보내고 있을 때에
마을 어르신 한 분이 발길을 멈추며 말씀하셨다.
우리 꽃 섬이 왜 화도인가를 알려주신다며
다들 자리에 앉으라고 하셨다.
우리는 풀밭에 옹기종기 모여 앉았다.
어르신은 차분하게 말씀하셨다.

우리 꽃 섬이 왜 화도냐 하면
꽃화(花) 자
섬도(島) 자를
써서 화도여
그란디이 화도에서는 꽃같이
이쁜 처녀가 태어나는데
이쁘게 잘 커서 결혼할 나이만 되면,
시들시들 아파서 죽은당께 하시며
얼마 전에도 처녀 한 명이 죽었다고
말씀하셨다,

그 때는 어렸고 웃느라
그 어르신 말씀을 귀 담아 듣지 못하고 흘려보냈는데
이 글을 쓰게 되면서 기억을 더듬어 보니
그때 어르신 말씀이 화도의 유래였는지
실제 있었던 일이었는지 조금 궁금해진다.

우리는 해가 져서 어둠이 온 산촌을 물들일 무렵
마을에 도착하였는데 동네 어르신들이 걱정하셨다면서
다음에는 놀러 가더라도 일찍 일찍 오라고 하셨다.
알았다고 대답은 하였으나 우리는 여전히 웃었다.
철이 없었던 시기였던 것 같다.

우울한 사람은 과거에 얽매이고,
꿈이 없는 사람이라 하는데,
고향에서의 과거는 얽매이는 것이 아니라
추억이고 지울 수 없는 동심의 세계이다.
돌아 갈 수 없는 시간들이기에,
그립고 가슴 벅차 오른다.

항상 시작하는 마음으로,
초심을 잃지 않고 살아가려 한다.

▶ 여러 섬들이 다 모였다.

정월대보름

음력으로 1월 15일 정월대보름날
찹쌀, 서숙(조), 수수, 팥 등
오곡밥을 하고 삼색나물, 오색나물
옆집 숙모님은 칠색나물까지 하신다.

1년 동안 마을에 집집마다
좋은 일만 있기를 바라며
어르신들께서 동청 회관에
모여서 징, 꽹과리, 북, 소고,
농악놀이 옷가지들을 갖추어 입고
준비 되시면
웃동네서부터 아랫동네까지 한 집도
빠짐없이 마당을 밟는다.

어린아이가 탄생하여 새끼줄에
고추와 숯을 달아
대문 앞에 금줄을 쳐 놓은 집은
아들을 낳았다고,

집 주위에서 한참 뛰고 놀다
가신다.

집집마다 준비해 놓았던 음식을 상위에
차려놓고, 복채도 올려놓으신다.
동네 이장님께서는 당목으로 만든 자루에
돈을 담으시고,
장부에 기록을 하신다.
부잣집에서는 돈을 많이 올려놓으시고,
음식도 푸짐하게 차려놓으신다.
아이들은 그 음식을 먹으려고,
따라 다니기도 하고,
사물놀이 하시는 어른들의
묘기를 보기 위해 집집마다
따라 다니기도 한다.

우리 고향 어르신들은 인간문화재
주인공 국립, 시립, 도립 단,
수준을 능가하셨다.
장구나 소고를 메고.
마당을 점프로 몇 바퀴 돌며,
풍물놀이 상모돌리기 동시에 이루어지는

묘기를 중간 중간에 보여주셨다.
어른들 아이들 모두 다
기립박수를 친다.

며칠이 걸려 마당 밟기가 끝나면
동네 이장님께서 매년 하시는 멘트가
스피커에서 흘러나온다.
알려드립니다. 동민 여러분~!
고생들 많으셨습니다.
0월 0칠 날은 결산보고가 있으니
모두 회의에 참석해 주시기 바랍니다.

그렇게 갈꽃 섬의
정월달은 훌쩍 지나간다.

지금도 설날에는 도제를 지낸다고 한다.
유래나 풍습이 바뀌는 것이
쉽지 않은 것 같다.

노래 자랑

추석이나 구정 때면 이곳저곳 마을에서
노래 자랑이 열린다.

우리 마을 우리 또래 중에 노래를
제일 잘 하는 향복이는 부산 언니 집에 살다가
상경하여 직장 생활을 하였고,
노래를 잘 하는 친구 몇 명은 서울에서
공순이 생활을 하느라 못 내려 왔고,
고향에 있는 친구들끼리 노래 자랑하는데 가서
노래를 불렀다.

친구들이 무대 위에 올라가서 쌈박하게
부르고 오라고 하였다.
나는 쌈박하게는 부르지 못한 것 같은데
그래도 잘한다고 권유하면 은근히 기분이 좋았다.

75년에는 충도리 마을에서 노래 자랑이 열리고,
76년에는 양하리 마을에서

77년에는 동고리, 미라리, 잘포리,
여러 마을에서 한꺼번에 열리는 경우도 있었다.

어느 명절에는 우리 마을에서도 노래 자랑을 하고,
구정 때나 추석에 마을 이장님이나 청년회에
무슨 일이 생겨서 못 하게 되면
정월 대보름날로 미루었다가
할 때도 있었다.

나는 우수상이나 인기상을 탄 적이 있었다.
그 때는 밤마다 모여서 발장을 치고
그 시기가 지나면 삼다이 (노래) 하고 놀아서
제법 실력을 발휘하였다.

그 땐 이렇게 노래를 부르곤 했다.
  (노래를 못하면 시집을 못 가요)
아~미운 사람 ~
  (노래를 못하면 장가를 못가요)
아~미운 사람~
안 부르면 쳐 들어간다.
꿍짜가 작~짝~~
밤새 뜬눈으로 노래 부르고 노는 날도 있었다.

그래도 뼈친(힘든) 줄도 모르고 마냥 즐거웠었다.

어느 날은 화투놀이 하며 삼봉치고
여럿이 추렴(더치페이) 하는 날도 있고,
사다리 타기하며 노는 날도 있었다.
비가 오는 날은 낮에도 모여서 삼다이 하고
놀던 때도 있었는데 그 시절 불렀던
노래들이 생각난다.

　빠뜨려서는 안 될
　섬마을 선생님,
　동백아가씨,
　바다가 육지라면,
　단발머리,
　우연히 정 들었네,
　가슴 아프게,
　사랑은 눈물의 씨앗,
　님과 함께,
　가지 마오,
　이정표 없는 거리,
　사랑 사랑, 누가 말했나,
꿈에 대화,

수많은 노래가 있었다.

내 친구 사랑이는 조용필 가수를 좋아했고,
나는 박우철 가수를 좋아했고,
여자 가수로는 바니걸스, 심수봉,
남궁옥분, 이은하를 좋아했다.
또 다른 친구는 오동잎 노래를 즐겨 부르며
최헌을 좋아하고,
송골매, 윤수일 등등 ~

윤수일 노래에 이런 구절이 생각난다.

"그 시절 그 추억이 또다시 온다 해도
사랑만은 않겠어요."

사랑은 하지 않더라도
노래는 부르고 싶다.
꿈에 대화는 지금 들어도 너무 좋다.

　(꿈의 대화)
땅거미 내려 앉아
어두운 거리에 가만히

너에게 나의 꿈 들려준다.

너의 마음 나를 주고

나의 마음 너 받으리

우리의 세상을 둘이서 만들자

아침엔 꽃이 피고

밤엔 눈이 온다.

들판에 산 위에

따뜻한 꽃눈이

네가 제일 좋아하는

석양이 질 때면

내가 제일 좋아하는

언덕에 올라

나지막이 소리 맞춰 노래를 부르자

작은 손 마주잡고 지는 해 바라보자

조용한 호숫가에

아무도 없는 곳에

우리의 나무집을 둘이서 짓는다.

흰 눈이 온 세상을 깨끗이 덮으면

작은 불 피워놓고 사랑을 하리라

네가 제일 좋아하는

별들이 불 밝히니

네가 제일 좋아하는

창가에 마주앉아

따뜻이 서로의 빈곳을 채우리

네 눈에 반짝이는 별빛을 헤리라

외로움도 없단다

우리들의 꿈속에

서러움도 없어라

너와 나의 눈빛엔

마음 깊은 곳에서

우리 함께 나누자

너와 나만의

꿈의 대화를

에 에 에 에 에~

새신랑 다는 날

갈꽃 섬에서는 처녀가 결혼을 하면
새신랑이 신부 집으로 와서 하룻밤을 자고
다음날 혼례를 치르고 시댁으로 간다.

자수를 놓아 만들어 놓았던 이부자리,
베개, 자부동(방석), 브라더 미싱, 요강 등~
혼수 물품으로 준비해 놓았던 물건들을
마을 청년들이 등에 메고,
신부는 가마를 타고, 신랑과 함께 떠난다.

새 신랑이 신부 집에 오는 날에는
마을의 젊은 사람들이 모두 모여서
신랑을 매단다고 한다.
신부를 데려가는 대가를 혹독히 치러야
하는 과정이다.

신랑을 거꾸로 매달아 놓고,
발바닥 용천혈을 때려야 부부 금슬이 좋아진다며
회초리와 주먹으로 때리고,
신부에게 노래를 부르게 하고,
술도 한잔 마시게 한다.

아랫마을 어느 집 규수가 시집가는 날에는
마을 노총각들이 신랑을 심하게 다뤄서
의견 충돌이 일어나 법정까지 가게 되었고,
사건이 커져서 많은 시간이 흐른 뒤에
민사 판결로 마무리 되었던 사례도 있었다.

그 사건 이후에 결혼하는 처녀 총각들은
조금 수월하게 결혼식 전야제를 치르게 되었다.

결혼식이 끝나고 며칠 지나면 양가집에서
이바지를 해서 보내는데 절편 떡을 해서
석작(광주리)에 담아 여러 개를 보내
집집마다 한 개씩 나누어 먹는다.
부잣집에서는 두 개씩 줄 때도 있다.

그 떡이 얼마나 맛있었으면
둘이 먹다 하나가 죽어도 모른다는
이야기를 할 정도였을까?

그땐 먹을 것이 부족하여 더욱 맛있었던 것 같다.
그런데 요즈음 아이들은 떡은 별로 좋아하지 않는다.

어른들이 (개떡)이라 하고
코쟁이들 빈대떡이라 하는 피자를 즐겨먹는다.
아이들이 즐겨 먹을 수 있도록 쌀과 잡곡으로
피자모양의 맛있는 떡을 만들고 있다.
웰빙 시대에 맞추어 재치 있는 사람들이 많아서
먹거리도 다양하다.

요즘 사회가 빈부 차가 심하여 빈익빈 부익부 하며
저소득층 사람들이 살기 어렵다 하는데

먹거리는 저소득층에서 더 많이 소비하는 것 같다.

나의 어린 시절을 떠올리면 지금은 어려운 사람이 없는 셈이다.

모두가 욕심 때문에 어렵다.

힘들다,

라고 하는 것 같다.

시달캐미

남새밭에 고구마를 심어
무강에서 순이 나서 자라면
모내기 시기와 비슷하게
고구마 순을 이종을 한다.
밭두렁을 타고 뿌리를 내릴 수 있도록
잘 심는다.

밭을 일구어 지심(풀)을 매고,
가꾸어 여름에는 고구마 순을 뜯어서
다양한 반찬을 해서 먹고,
가을이 되면 쟁기질을 하여
고구마를 캔다.

쟁기 뒤를 따라가며
고구마를 주워 곳곳에 모아서,
바작으로 지고 거렁기로 이고
집으로 와서 선별을 한다.

겨울 동안 먹을 만큼은 다락방에 쟁이고,
나머지는 밤새 썰고, 또 썰고 썰어서
그물 위에 덕석 위에 까작집 지붕 위에
온 동네 길가에 틈새도 없이
널어서 말린다.

그게 바로 (시달캐미)다.
잘 말려서 가마니에 담아서 일본으로
수출하기 위해 등급을 받는다.

그렇게 모든 추수가 끝이 나고,
겨울이 오기 전에 보리씨앗을 뿌린다.
보리를 뿌리는 과정은

고구마를 캐고 난 밭을
또 쟁기질을 하여
수확이 많이 나도록 퇴비를 뿌리고

괭이로 골을 타서
보리씨와 퇴비를 곱게 덮어준다.

들판에 일이 끝나기 전에
시제를 모시는 집안도 있다.

나뭇가지가 앙상해지고,
첫눈이 오고

추운 겨울이 되면 흰 눈이 펑펑 내려
장독대 위에 수북수북 쌓이고

눈사람을 만들어 숯으로 눈썹을 붙이고
솔잎으로 코도 붙이고 귀마개를 씌어 놓는다.

그렇게 갈꽃 섬의 연대는
쉬지 않고 흘러갔다.

어릴 적 고향에서의 사연을 떠올리면
꿈을 꾸는 듯한 느낌이 들 때가 있다.
아팠던 일
기뻤던 일

슬펐던 일

되돌릴 수 없는 수많은 추억들
생각하면 가슴 시린
열악한 환경의 시간들이 있었기에
최선을 다해
살아가고 있지 않는가?

3장

자가용 경운기

우리 마을에 특수 작물 재배를
하는 오빠가 있었다.
노화에서는 제일 먼저 비닐하우스에
농작물도 시작하였고, 경운기도 오토바이도
제일 먼저 구입하였다.
자동차가 없던 시절이라
그 오빠네 경운기를 타고
장에 가시는 분들도 많았다.

우리는 완도읍 농촌지도서에 가서
교육을 받는데 여자들도 연습을
해보도록 하여 경운기 운전석에
앉아 본 적이 있었다.
4H 활동이 늦게 끝나는 날이나
안개가 끼는 날에는
경운기로 집에 까지 태워다
주었던 고마운 오빠~

그러던 어느 여름 날 저녁
친구들과 함께
그 오빠 경운기를 타고 목이 터지도록
노래를 부르며 우리 마을을 벗어나
(양하리) 고개를 넘어
(신리) (구목리)를 지나
(동고리) (알게이)
바닷가까지 가서
바다 냄새를 맡고
게임도 하고 신나게 놀고
왔던 적이 있었다.

경운기를 타고 비포장 도로를 달리는데
너무 덜커덩거려서 잠시 멈추고
모두 내려 볼대집(보리대나무)을
한아름씩 안고 와서 두툼하게 깔았더니
조금 덜 뛰는 것 같았다.

그때는 경운기를 타고 다녔어도
즐겁고 행복했었다.

나이 육십이 다 되어 가는데 경운기 타고

노래 부르고 다니면 모두 쳐다보고
웃겠지만 그래도 친구들끼리
모여서 경운기 타고 갈꽃 섬, 보길도를
한 바퀴 돌아보고 싶다.

어릴 때 불렀던 동요도 생각이 난다.

동무들아 모여라
서로들 손잡고
노래하며 춤추며
놀아보자
낮에는 해 동무
밤에는 달 동무
우리들은 즐거운
노래 동무~

차렷 열중쉬어

귀뚜라미 울어대는 초가을 밤이었다.
여느 때와 같이 친구들끼리 모이기로 하여
영희네 집을 향하여 가던 중에
우리 마을 예비군 소대장 오빠께서
오늘밤 학교 운동장에서
예비군 훈련이 실시되는데
너희 오빠 두 명 다 객지에
나가고 없으니까
네 친구 경숙이하고 함께 와서
머릿수를 채워 달라고 말씀하셨다
.

소대장 오빠 말씀을 거역할 수가 없어
우리는 학교운동장에 가
일렬로 줄을 서서
차렷 열중 쉬어 하면
따라서 해야 했다.

차렷, 열중쉬어~
차렷, 열중쉬어~

구령대에서 목이 터지도록
외치는 것 같았다.
주위가 웅성웅성하자
더 큰 목소리로

차렷, 열중쉬어~
차렷, 열중쉬어~

반복해서 하시더니
앞으로 나란히 하면서
앞에서부터 "숫자 파악 실시"
하고 소리를 지르자
맨 앞에서 고개를 돌리며 하나, 하면

다음은 둘, 셋, 넷, 다섯,
계속되어 우리 차례가 되었다.
알려주지는 않았지만 나름 두툼한 목소리로
열둘, 열셋, 하고 고개를 돌려서
앞에서 하는 것처럼 우리도 따라 하였다.
밤이라서 남자인 줄 알고 넘어가나
하는 생각을 해 보았다.
여자인 줄 알면서도 모른 척 했는지
아무튼 알 수 없는 일이었다.
그 당시 숏커트가 유행인 터라 경숙이와 나는
짧은 머리를 하고 있었고
둘 다 키가 커서
다행이라는 생각을 하였다.

시간이 얼마 지나자
구령대에서 큰 목소리로 외쳤다.
숫자 파악을 했으니 이제 산으로 올라가
사격을 한다면서
차렷 열중쉬어
뒤로 돌아가 하였다.

운동장으로 오기 전에 소대장 오빠께서
너희는 줄만 섰다가
사격하러 갈 때는 살짝 빠져 나가라고
귀띔을 해 주셨기 때문에
경숙이와 나는 구령대에서
뒤로 돌아가
하는 순간 뛰다가 옆으로 살짝
빠져나와 집으로 돌아왔다.

다음날 소대장 오빠께서 너희들 잘 했다고
칭찬해 주시면서 다음에 또 예비군 훈련 있을 때도
나와서 해야 한다고 말씀하셨다.
우리는 대답 대신 웃음으로 넘기고 그 후
한참 동안 소대장 오빠를 뵐 때마다
차렷 열중쉬어로 인사를 하곤 하였다.

스무 살이 되어 이제 막 성년이 된 우리는
헛웃음이 절로 나왔다.

지금 되짚어 생각해 보면
그때가 가장 기억에 남고
잊지 못할 추억의 한 장면이 된 것 같다.

70~80년대이기에 있을 수 있는
일이었지 않았나 생각해 본다.

윤숙이네 막내오빠 소대장님
지금은 나이가 60이 넘으셔서
젊은 청년들에게
소대장도 다 넘기셨을 것이다.

은하철도 999

아랫동네 예지언니네 할아버지 할머니는
실제 존함이 고복수, 황금심이셨다.
그 분들이 노래하시는 것을 직접 들어보진 못했다.
동네 어르신들 말씀이
가수 고복수, 황금심보다 노래를 더 잘 하신다고 하셨다.
그래서인지 온 집안 식구들이 노래를 잘했다.
예지언니도 석준 오빠도 석채도 아주 노래를 잘 불렀다.
가요, 민요, 동요, 모두 잘 했지만
그중에 만화 주제가 은하철도 999를 얼마나 잘 불렀던지.
친구들이 모이면 은하철도 999를 불러달라고 권했다.
석준이 오빠는 인천에 살고 있었는데
고향집에 내려올 때면 노래를 곧잘 불러주곤 했다.

(은하철도 999)
기차가 어둠을 헤치고
은하수를 건너면,
우주 정거장에 햇빛이
쏟아지네.

행복 찾는 나그네에
눈동자는 불타오르고,
엄마 잃은 소년에
가슴엔 그리움이 솟아오르네.
힘차게 달려라 은하철도 999
힘차게 달려라 은하철도 999
은하철도 999

문득 고씨네 집안 자녀들 중에 가수가 될 가능성이
높을 것 같다는 생각이 든다.
시골집 골방에서 흘러간 노래들을 다시 한 번
들어보고 싶다.

미역 공장

포전리를 지나 배남재 고개를 넘어가면
면소재지가 있다.
면소재지인 이목리에서 남쪽으로 가면
물썽구지 그리고 지방앞이 있고,
서쪽으로 가면 서구지로 가는 서쪽 끝이 있다.

그 주변 바닷가에 미역 공장이 있었다.
우리 마을에서 1시간 가까이 걸어 다니며
공장에서 일을 했던 적이 있었다.
친구들과 함께 일을 하는데
미역을 소금으로 절이는 일을 하고
줄기를 찢는 일도 했었다.

쉬는 시간에는 바닷가에 가서 진질을 뜯어서
벗겨먹고 뒷산에 올라가 깔도 따먹고
삐비(여러해살이 풀)를 뽑아 먹기도 했었다.

우리는 그렇게 오고 가며 노래 부르고

웃고 떠들며 돈도 벌고
어른들의 간섭도 받지 않은 그야말로 금상첨화였다.

농경시대가 저물어가는 무렵이고
산업화, 정보화 시대가 열리는
시기였던 것 같다.
그러나 길게 가지 못하고
공장이 문을 닫게 되었다.
인력은 많았지만 도서지방의 물류관계 때문에
경쟁력이 없었던지 어느 순간 문을 닫고 말았다.

그 전후로 우리 고향에서는 젊은 사람들이
부푼 꿈을 안고 한 사람 두 사람 고향을 떠나
객지에서 성공하여 잘 사는 분들도 계시고
향수를 젖어 다시 귀농하는 분들도 많이 계신다.

지금 고향에는 전복양식이 활성화 되어
도시 사람들 보다 더 윤택한 생활을 하시는 분도 많고
여러 가지 여가생활을 즐기며 지내는 분들이 많다.
또 육지에서 살다가 결혼하여 이곳에 사시는 분들도 많아졌다.
요즘은 다문화 가정 또한 많이 생겼다.

고향 주민들은 윤택한 생활을 하고 계시지만
섬이기 때문에 배를 타고 가야 하는
상황이 큰 걸림돌이다.
아무 때나 자유롭게 가는 것이 쉽지 않다.
다리가 놓아진다면 가고 싶을 때
어느 때라도 시간에 구애받지 않고
갈 수 있을 텐데… 언제 쯤 그런 날이 올까?
더 늙기 전에 그런 날이 왔으면 좋으련만……!

군 입대 영장

내 친구 의정이는 스무 살이 되던 어느 날
군에 입대하라는 영장이 나왔다.
청천에 날 벼락 떨어지는 일이었다.

의정이가 태어났을 때 의정이 아버지께서
면사무소에 근무하시는 친구에게
우리 의정이 호적 좀 올려주게 하고 부탁을 하셨는데
여자아이가 남자아이로 성별이 바뀐 채
출생신고를 하게 되었던 것이다.

그렇게 20년이 지나 그 문제의 영장이 나오던 날
의정이 아버지께서는 혀를 껄껄 차시면서
동생들이 많아서 고등공업학교를 못 보내서
일이 이렇게 되었고, 직접 면사무소에 가서
확인하지 않고 친구에게 부탁했던 것 모두가 다 자신의
잘못이라 하셨다.
완도 군청에 가서 행정 일을 보시고
재판을 하여 호적정리를 하였다고 하셨다.

그 후에 동네 또래 남자 친구들이
의정이를 만나면 "의정아 신검 받으러 가자" 하면서
논산 훈련소로 갈까?
의정부로 갈까? 라고
농담을 하고
한바탕 웃고 떠들며 마을 분위기가
화기애애하였다.

의정이는 얼굴도 예쁘고 착한 아이여서
친구들도 좋아하고 어른들에게 이쁨도
많이 받았던 친구다.
결혼하기 전에 우리는 그렇게 많은 추억을
쌓으며 함께 즐겁게 지냈다.

의정이는 결혼하여 슬하에 건장한 형제를 두고
서울에서 아주 다복하게 잘 살고 있다.

의정이 아버지께서는 조금 일찍 작고하셨다.
세상 모든 부모님들은 자식을 다 사랑하시겠지만
의정이 아버지께서는 유난히도 자식 사랑이 크신 분이셨다.
다른 부모님들에 비해 자녀를 늦게 낳으셨다고 하셨다.

고인이 되신 인자하신 의정이 아버지!
세월이 많이 흘러 이제 우리들이 어른이 되었답니다.
저희들 열심히 살아가고 있습니다.
의정이도 다른 동생들도 모두 다 잘 지내고 있으니
염려하지 마시고, 안녕히 계세요.

군대 가던 날

어릴 적 우리 고향에서는 선배나 친구
마을 청년들이 군대를 가게 되면
입대하기 전날 밤에 그 집에 가서 놀아 주는 게
갈꽃 섬의 전통이었다.
노래도 부르고 술을 좋아하는 사람은 술도
한잔 마시고 상에 차려놓은 다과를
먹으며 뜬눈으로 밤 새워 놀아 주었다.

다음날 모두 선창가에 따라가서
명륜호, 삼영호, 경영호에 몸을 싣고
손수건을 흔들며 못내 아쉬워하며
떠나는 모습을 지켜봐야 했다.
사람이 희미하게 보일 때까지 손을
흔들어 주었다.
배가 안 보일 때까지 기다렸다가
집으로 돌아오는 발걸음은 가볍지가 않다.

그 때는 군에 입대하면 1년에 한 번 정도
휴가를 올 수도 있고, 제대를 해서 오는 경우가 많았다.

마을 어르신들 하시는 말씀이 그래도

월남 전쟁터에 가는 것보다야 낫 것 지라우,

하시며 아들 군대 보내신 부모님께 위안이 되는 말씀을 건네신다.

이웃집 오빠 한분이 월남 전쟁 당시 일선에서

싸우고 돌아오셨다.

그 오빠가 오시는 날 어르신들께서는 마을에 잔치를 벌였다.

훌륭한 용사가 무사히 돌아왔다 하시며,

여러 가지 음식을 준비하고 모두 모여서

노래도 부르고 오빠를 헹가래를 쳐 주시며

함성을 지르기도 하셨다.

아이들도 그 오빠 집으로 따라가서

(박산과자) (돈부과자)를 얻어먹었다.

우리는 철없이 웃고 떠들며 지나쳤는데

그 오빠께서는 시간이 지나면서

후유증으로 이상 증상이 나타나서

조금 힘들어 하셨다.

영화 〈국제시장〉을 보면서
그 오빠 생각이 나서 많이 울었다.
또 독일에 간호사로 일을 하러 갔던
옆집 언니가 떠올랐다.
부잣집 딸이어서 부러워했고
섬 주민들 삶 속에서
서울까지 유학을 보내 간호사가 되어
부러워했던 언니
나라에 큰 이바지를 한
그분들의 노고를 생각하며 가슴이 벅차올라 울었다.

훌륭하신 오빠, 언니에게 박수를 보내고 싶다.
두 분은 현재 서울에서 살고 계신다.

우리 고향에서는 사람을 낳으면 서울로 보내고
말을 낳으면 제주도로 보내야 한다는 이야기를 흔히 하신다.
큰 인물이 되려면 큰물에서 놀아야 한다고
어르신들이 말씀하셨다.
그래서 많은 분들이 서울에 올라가서 살고 계신다.
고향 분들이 모두 행복하게 잘 사셨으면
하는 생각을 해 본다.

황용한 아저씨

우리 마을에 황씨 집안사람들은 거의
교직생활을 하거나 대체적으로 부유한 편이셨다.
그런데 황씨 성을 가진 분 중에
용한이 아저씨만 가족 없이 혼자 사셔서
소장수 아저씨,
단벌신사 아저씨,
고자 아저씨,
백수 아저씨,
이런 식으로 불리우셨다.
그 시절 양복을 입고 다니셨고
소를 사고파는 거래를 하기 위해
뭉치 돈을 가지고 다니셨다.

아저씨가 지나가시다가 아무 집에나 들어가서
밥을 달라 하시면 백수 아저씨라서 밥을 주지 않는다고
동네 아주머니들이 모여서 이야기를 하셨다.
그러던 어느 날 남희 언니네 집에 들어가
저녁 식사를 하게 되었는데 농번기 때라 농사일로

분주하여 캄캄할 때 식사를 하게 되었다.

초코지 불을 켜고 드셨는데

아저씨께서 코로 흥~하고

헛기침을 해서 불을 끄고 그 사이에 반대편에 계신

할아버지 밥그릇에서 밥을 절반 정도 덜어 가셨다고 하셨다.

아저씨에 대한 이야기는 여러 가지가 있다.

어느 곳을 가시던지 그냥 앉지 않고,

주위를 쓸고 닦고 앉으신다.

단벌신사에 집도 가족도 없고,

빨래해 줄 사람이 없어서 그런다고 하셨다.

또 하나는

동부, 서부, 북부를 돌아다니면서

소를 사겠다고 흥정을 하고

그 집에서 저녁을 드시고 주무시고,

날이 밝으면 다시 생각을 좀 해 보고 오겠다고,

말씀하고 나와 다른 마을로 가서

또 그렇게 소를 사겠다고, 흥정을 하다 밤을 새우고,

반복하여 다니다가 이제 황씨들이 많이 살고 있는

우리 마을로 오셨다고 하셨다.

소를 사고팔고 하려면 돈이 많이 있어야 하는데
돈이 없어서 겉에만 돈을 한 장씩 놓고
속에는 신문지로 돈 크기와 똑같이 잘라서
몇 뭉치를 싸가지고 다니셨다고 하신다.

농사일 하느라 낮에는 집안에 사람들이 없어서
흥정을 할 수가 없기도 했지만 신문지로 잘라서 만든
돈이 보일까봐, 밤에만 흥정을 하러
다니셨다고 한다.

지금은 우리나라도 복지정책이 잘 수립되어서
생활 보호 대상자나 저소득층, 차상위 계층 가정에
많은 도움을 주고 있으며 연세 드신 어르신들께도
여러 가지 도움을 주고 있다.
무료로 식사할 수 있는 교회도 많고
어르신들이 살기 좋은 사회가 되어 있다.
용한이 아저씨도 지금 살아 계셨더라면
이러한 혜택을 누리며 사실 수 있었을 텐데 라는
안타까운 생각이 머리를 스친다.

미스 진 승주

어느 싸늘한 가을 오후
승주가 서울에 살다가
내려온 날이었다.
작은 섬에 사는 청년들이
읍내에서 승주를 보고 홀딱 반해서
날마다 놀러 오더니
언제 꼬셨는지~
한 청년이 승주랑 결혼을 한다는 것이었다.
승주 어머니께서는 아직 승주 나이도 어리고 해서
안 된다고 반대하셨지만
두 사람은 연애결혼을 하게 되었다.

승주 어머니께서는
승주가 맏딸이라서
부모님들이 사윗감을 골라서 근사하게
혼례를 치르고 싶어 하셨는데
연애결혼을 하게 되어서
속상해 하시며

하루는 경숙이를 불러놓고
말씀하셨다.
경숙이는 어려서 뻰치기 놀이할 때
다 따먹었던 깍쟁이 친구다.

"아이야 이 가시낭년아
너는 애랬을때(어렸을 때)도
우리 승주를 댓고 댕김시로 (데리고 다니며)
괴롭히더니 다 커서도 요로코 (이렇게)
댓고 댕김시로
연애결혼을 하게 맨드냐
이 가시낭년아 ~
철천지 웬수가졌냐" 하시며
역정을 내셨다.

가만히 듣고만 있을 경숙이가 아니다.
"아따 그것이 뭔말이다요~
지가 지발로 댕갰제 (다녔지)
내가 둘이 속을 어떻게 안다요.
즈그 둘이 웅큼스럽게 연애한 걸 가지고
나한테 뭐라 한다요.
환장해 죽겄네."

하면서 벌떡벌떡 뛰었다.

승주는 어려서 모범생이었고
착한 친구였다.
지금은 그 작은 섬에서
잘 살고 있다.

안방에서 공을 던지면 바다로 떨어지고
파도가 출렁거려 가슴을 설레게 하고
아침에 눈을 뜨면 일출이 한 눈에
들어와 마음을 평온케 하는
아름다운 섬

　　행복의 섬에서~~~~!

우리 고향 새마을호

새마을호는 육지에서의 마을버스와 같은 존재였다.
시간 시간마다 각 섬을 돌아서
주민들의 생활을 윤택하게 해주는
도서지방의 복덕방이다.
장구도, 서리, 내리, 방축리 등
섬들의 선창가마다
거쳐서 면소재지에 도착한다.

새마을호를 타고 작은 섬들을
여행하며 그 때 느꼈다.
새마을호가 복덕방이라는 것을
여러 섬에 사시는 어르신들은
시장에 물건을 사러 가기 위해 배에 오르시면
객실로 들어가서 이야기보따리를 꺼내어 놓으신다.
가정마다 이야기보따리의 부피도 다양하고
크고 작은 애환을 간직한
인생 드라마가 펼쳐진다.

한 아주머니가 아무개네는 돼지새끼를
예닐곱 마리 난 것 같든디, 라고 말씀하시고

00이네는 강아지새끼를 낳았는디 수놈이 꺼마든마는
새끼가 색깔이 흐칸디도 있고
꺼만디도 있고
아따메 한 마리는
점백이도 있드랑께라우, 하시며 깔깔깔 웃으신다.
옆에 앉아 계신 아주머니가 말씀하신다.
언제 낳다요 우리 한 마리 주라해야 쓰겄네.
그라씨요.
그렇게 여러 마리 낳는디
다 어따 쓴다요, 라고 하신다.

도란도란 모여앉아서 삶아가지고 온
달걀을 나누어 드시기고 하고
한쪽에서는 강아지새끼 이야기가 한창이고
한쪽에서는 엊그저께
00이네는 태래비를 겁나게 큰걸 샀답디다.
어디꺼 샀다요.
금성꺼랍디다.
오메 좋은 것 샀네, 라고 하시고

또 어떤 분은 아따메 나는 엊저녁에
토방에서 내려오다가
발을 접질려 브렀어라우이
그래서 병원 가볼라고 하요.
조심하제 어쩌다 그랬다요.
발이 부섯네~! (부었네)
나가 덤벙덱께 즉아부지가 에펜네가 헛눈팔다
그랬다고 징했다요.

이곳저곳에서 쏟아져 나오는 우리 고향 방언들
통역 없이는 알아들을 수가 없다.

어느 할머니는 손자 이야기를 하시면서
울애이는 잘 놀 때는 이빼 죽건는디
피리양 비릴 때는 징하다고 하시고
어떤 아주머니는 와따와따 아무게는 장게 가서
애기가 그렇고 큰디~
우리 가이나는 시집을 안 가서 환장해 죽거서라우~
하시며 오메 부럽소~~!
라고 하신다.

건너편에 마주앉은 아저씨는 아따 어제는 그물을 던졌든만
손페이가 많이 재패드랑께 (잡혀다) 하시며
뻘 바닥 가까운 데다 던져서
그랬는지 뻘떡기도 몇 개 있고 맬따구 몇 마리
새우새끼도 서너 마리 있었는디
손패이는 대가리가 커서
묵자것이 없드랑께라우 라고 하신다.
옆자리에 앉아계신 연세드신 아주머니 하시는 말씀이
아무개 아부지는 부지런도 하요.

언제 그물은 던졌다요.
아무개 어메는 복도 많어 어른이 모든 일을 다 해중께~
라고 이야기하시며,
우리 영감탱이는 잘한 것이라고는
술 먹고 새끼 낳는 일밖에 없당께~
그래도 우리 자식들이 다 잘항께
나가 살지라우 하시며
자랑을 늘어놓으신다.
우리 아무개는 장게도 잘갔어라우~
나가 공부 갈처서 좋은 직장 댕기께
처갓집도 짱짱한 디로 (대단한 집안) 갔지라우.

그러는 동안 새마을호는 쉬지 않고 달려서
면소재지 선창가에 도착한다.
어르신들은 시장에서 물건을 사고 행정 일도 보시고,
다시 새마을호에 올라 객실로 들어가신다.

집으로 돌아가는 배 안에서는 분위기가
한층 더 업그레이드된다.
상회에 들려서 사가지고 온 술병을 꺼내놓고,
배 안에서 안주는 쓰르메(오징어)가 최고 당께
하시며 술잔을 들고
싫다 하는 분에게도
아따 이 사람아
한 초꼬지(한 잔)하랑께 하고 따라주신다.
술을 좋아하신 분은
나가 이 맛으로 산당께
라고 하시며,
다음 장에는 오늘 못 사가지고
온 물건을 사러 또 가야 쓰것어
그래도 내가 좋아하는 것은
싸승께~ 하시며
술병을 들고 흐뭇해하신다.

새마을호 복덕방의 하루는
그렇게 마무리된다.

요즘도 그 새마을호와 비슷한 배는 섬마다
다니며 이야기꽃을 피운다.

쟁기질

친구 사랑이는 어릴 적에도
지금도 똑똑하고 정이 많은 친구다.
대학 다닐 때는 방학해서 집에 오면
농사일을 도와주는데
쟁기질도 곧잘 했다.
남자도 쟁기질 하는 게 어렵다 하는데
사랑이는 모범생인데 그것도 여자아이가
상상을 초월하는 일이었다.
역시 스마트한 친구는 뭐가 달라도 다르다.
여자가 어떻게 쟁기질을 할 수가 있을까?
나는 괭이, 쇠스랑, 낫
호미질은 해 보았지만~
쟁기질은 소만 쳐다보아도 겁이 나서
해 보고 싶다는 생각조차 하지 않았다.

뿐만이 아니었다.
오토바이도 잘 탄다.
회화도 잘 하고

세상에 못하는 것이 없는 친구인 것 같다.

외국에 나갈 때도 가이드 없이

혼자서 잘 다니고

사랑아~

(네 앞에 불가능이란 단어는 쓰지 않아도 될 것 같아)

박수와 찬사를 한 꾸러미 보내고 싶은 친구이다.

사랑이는

마인드가 긍정적이고 포용력이 있어

근면 성실한데다 무엇 하나 버릴 데가 없는 친구다.

세상에 사랑이 같은 친구가 주위에 많았으면 참 좋겠다. 라는

생각을 해본다.

실향민의 슬픔

우리의 소원은 통일
꿈에도 소원은 통일

우리가 어렸을 때는
이 노래를 많이 불렀다.

서울에 살 때에 한 실향민이
명절 때마다 임진각에 가셔서
돗자리를 펴고 상을 차려놓고,
북쪽 부모님께 절을 올린다.
하시며 눈물을 흘리셔서 함께 부둥켜안고,
한참을 울었던 생각이 난다.

또 한분은
남들은 찾아서 만날 가족이라도 있지만
본인은 찾아서 만날 가족도 없으시다 면서
술을 마시며 가슴을 치시던 모습이 생각이 난다.
마음이 많이 아렸었다.

그 분이 가수 설운도의 〈잃어버린 30년〉이란
노래가 나오면 가슴을 치며
울던 모습이 떠올라 눈시울이 뜨거워진다.

희미해져가다가 이산가족
상봉하는 장면이 방송되면
또다시 아련히 떠오르면서
가슴이 아리고 울컥해진다.

하루속히 평화 통일이 이루어져
이산가족들이 기쁨으로 상봉하기를 소망한다.

갈꽃 섬 방언들

갈꽃 섬 어르신들의 이야기는 몇 번 반복해서
들어야 알아들을 수 있는 말들이 많다.

고구마를 (마금감자, 사십일감자, 물감자)
그냥 감자는 (붓)감자라 하신다.

일을 하시다 힘들고 나이가 들어갈수록 하기 싫다는
표현을 (무장) 하기 싫다라고 하시고
어려우시면 겁나게 (에럽다) (까랍다)
(여간 성가시다) 라고 하시며,
부끄럽다는 말도 (에럽다) 하신다.

화를 내면 (용심낸다) 하시고,
아쉬워하는 마음을 표현할 때는 (애두럽다)
극성스러운 아이에게는 (나덴다)
(여간 성가시게) 한다. 라고 하시며
철이 들어 어른스러운 아이에게는 (실겁다) 하신다.
상태가 안 좋은 물건이나 사물을 보시고

(영판 물짜다) 하시고.
칭찬을 들으면 (치사)들었다. 하신다.

촐랑대는 사람에게는 (보초대가리)없다 하시고
활발하지 못하고 느릿한 사람에게는 (늘낙지) 같다 하신다.
장날에 물건을 많이 사오면 (약신)사왔다
겁나게 사왔다 라고 하신다.

또 여름에 모기가 많이 있다고
이야기하실 때는 모기가 (쌔브렀다) 하신다.

가까이에서 기웃거리는 사람에게는 (뽀짝거린다) 하시고.
물건을 나누어 줄 때
배분을 제대로 못하면
(간암도) 못하느냐고 하신다.

음식을 음미하고 먹고 있으면 (조근기린다) 하시고.
만만한 사람에게는 (시쁘다) 하신다.

빨리빨리는 (싸게싸게) 라고 하신다.
무슨 일을 하는데 아직 남았다는 표현은 (당당 멀었다)
흑판에 글씨를 썼다가 지우면 (해게브렀다)

목이 긴 사람에게 (모가지가) 길다

어른 말씀을 잘 안 듣거나 바른 행동을 하지 않는

사람에게는 (느자구) 없다 하신다.

느릿하게 걸어가는 사람에게 (깐닥깐닥) 걸어간다 하시고.

농사를 지어 수확을 많이 거두어 뿌듯할 때는

(옹글지다)거나 (오지다) 하시고,

곡식알이 꽉 찼을 때는 (여물다) 하신다.

그리고 똑똑한 사람에게는 (야물다) 하신다.

머리를 가리켜 (대가리)라 하시고 이마는 (마빡)이라 하신다.

음식을 누가 먹었느냐고 물으면

쌔도 안 댔다.

혀가 아니라 (쌔)라고 하신다.

웃어른에게 음식을 드시라고 하는 말은 (자시씨요)

많이 먹으라고 할 때는 (실컷) 먹으라 하시고

질리도록 먹으라는 말은 (밀키도록) 먹으라 하신다.

보릿고개를 넘나드는 시대에 흔히 사용했던 표현들이다.

보리나 벼 시달케미 매상을 하러 가서 불합격을 맞으면

(빠꾸당했다) 하시고,
걷다가 넘어지면 (자빠졌다) 하신다.

주위에서 어슬렁거리는 사람에게 (얼씬얼씬) 한다 하시고,
기운이 없는 사람이나 힘이 없을 때에 (매가리없다)
(으슬근하다) 하시고
수영을 잘하는 사람에게는 (휘미질)을 잘한다 하신다.

구들방 아랫목은 (부슨방) 이다.
양말을 (다비) 호주머니는 (게와)
손톱을 자르면 (모지린다) 하시고
통통하고 복스러운 아이들에게는 (탐두다) 하시고
설거지를 할 때는 (기영껏) (정지껏) 한다 라고 하시며
속상한 일이 있으시면 (빈정 상한다) 하시고,
사나운 사람에게는 (억시다) 하시고,
가위질을 잘 하는 사람에게 (가세) 질을 잘한다 하신다.

늦장부리는 사람에게 (문치고) 있다고 하시며
계단을 가리켜 (딸각대리)라 하신다.

낚시질은 (내끼질)
논두렁에 웅덩이는 (둔벙)이고 산 비탈길은 (빈닥지)이다.

우리는 빈닥지에서 놀면서 맹감 따먹고,
삐비도 뽑아먹고 놀다가 깨금도 따고 깔도 따서
온팍한 강조리에 담아서 집에 가져 오기도 하였다.
어른들은 맹감을 드시면서 떠럽고 (쌉스름) 하다고 하신다.

나쁜 행동하는 사람이 집에 찾아오면
못 오게 하고 싶다는 표현을 (빗깜도)
못 하게 하고 싶다, 라고 하신다.

그 외에도 수많은 방언들이 있다.
갈꽃 섬 어르신들은 중국어와 일어를
혼합하여 쓰는 언어들이 많아서
알아듣지 못할 말들이 많은 것 같다.
우리 또래들도 어렸을 때는
자주 썼던 말들이었다.

요즘 아이들은 표준말을 주로 사용하고 있다.

많은 것들이 변화되었지만
푸르고 건강한 바다는 변하지 않은 고향
갈꽃 섬이 있어서
마음이 뿌듯하고 기쁘다.

▶방언과 함께 옛날 물건들을 소개한다.

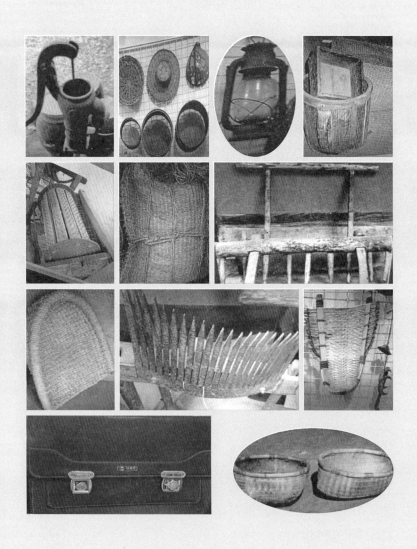

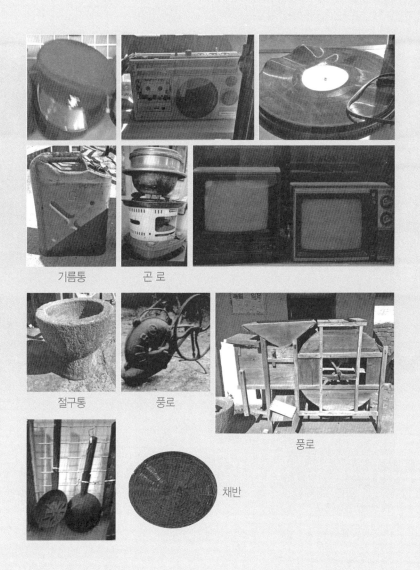

기름통　　곤로

절구통　　풍로

풍로

채반

서울 간 오빠

Ⅰ

집나간 우리 오빠
설날에 오실 때
운동화 사가지고 오신다더니
정종 한 병 사들고 오시니
울 아부지
인사도 받기 전에
술병부터 받아들고
입이 귀에 걸리셨네.

버선발로 뛰어나간
울 엄니
내 아들 왔냐시며
얼굴을 부비고
손잡아 마루에 앉혀놓고
밥 먹으라
흰 쌀밥 한 그릇
뚝딱 상 차려놓고
장독대에 감추어 놓았던

홍시도 꺼내어
오신다.

      Ⅱ
오빠 오기만을 기다리던 오누이
운동화 안 사와서
삐쳤다네.
거짓말쟁이 되어 버린 오빠
추석에 내려 올 때
간단오꾸 사 오신다 하시니
내년 추석 오기만을 기다린다네.

내 사랑 친구들

이름만 불러 봐도 가슴이 따듯해지고,
머리에 떠올리기만 해도
입가에 미소가 지어지는
친구들~
용기를 갖게 해 주는 친구
꿈을 갖게 해 주는 친구
나에게 감동을 주는 친구
감사와 배려하는 마음을 다시 한 번
되새기며 살아가도록
나를 일깨워 주는 친구

중년이 되어 버린 나에게
특별하고 멘토 같은 친구들~

감추고 있던 내 마음을 다 내어 보여줘도
흠 잡지 않을 친구,
산전수전 공중전까지 회전하여
모든 것을 포용하고 수용할 수 있는

마음을 가지고 있는 친구들~

어르신들 말씀이 내 것을
다 주어도 아깝지 않는 사람이 있고,
자기 것을 주어도 미운 사람이 있다는
이야기를 종종 하신다.

나는 모든 사람들을 대접하고 많은 것을 주며
살고 싶다.

여기 친구들에게는
내 것을 다 주어도 아깝지 않는 친구들이다.
나보다 경제력이나 지식이 풍부하여
마음이라도 다 주고 싶다.

강서구에 살고 있는 (사랑이)
인천에 살고 있는 (희이)
송파에 살고 있는 (덕이)
사랑하는 친구들 ~

그 외에도
수많은 친구들이 있다.

다 기록할 수 없지만
모두 모두 사랑한다.

나이가 들면 입 지퍼는 닫고,
지갑 지퍼는 열라는 말이 있다.
나도 그렇게 살고 싶다.
그렇게 살 수 있도록 두 손 모아
나지막이 기도해 본다.